刑事弁護人

亀石倫子
新田匡央

講談社現代新書
2525

序章

犯行

２月、真冬の夕刻――。

黒田行男は白いメルセデス・ベンツのハンドルを握り、大阪府吹田市の中国吹田インターチェンジから高速道路に乗った。助手席には、後輩の中野武が座っている。

目的地は長崎県Ｂ市だった。前方に車がいなければ、アクセルを思い切り踏み込んだ。自動速度違反取締装置《オービス》に捕捉されるリスクなど気にすることなく、猛スピードでベンツを走らせる。

吹田から長崎県のインターチェンジまで、およそ７５０㎞ある。黒田はその距離を、わずか６時間で走り抜けた。平均時速は１２０㎞を優に超える。その日の深夜にはＢ市内に入っていた。

同じころ、別行動をとっていた仲間の大川道二もＢ市内に入った。携帯電話で連絡を取り合い、三人は翌日に合流する。

黒田らが常習的に盗みを始めたのは、数ヵ月前に遡《さかのぼ》る。

１９７１年に生まれた黒田は、中学卒業と同時に日雇いの建築関係の仕事に就いた後、大阪府内の倉庫でオートバイの修理・販売業を営むようになった。繁盛するところまではいかなかったが、それでもそこそこの客はついた。

事態が暗転するのは２０１１年の冬。従業員に店の金を持ち逃げされ、たちまち運転資金が枯渇する。生活はどん底に落ちた。生活費にも困窮する日々が続いた黒田は、手っ取り早く窃盗で糊口《ここう》をしのぐことを思いつく。ただ、一人で盗みを成功させるのは簡単ではない。そこで、「仕事」を手伝ってくれそうな知人に声をかけた。それが大川道二だった。

当時の大川は、友人が経営するバーの雇われ店長として暮らしていたが、薄給のため生活費にも事欠くような状態だった。思いあまった大川は、かつて黒田に相談を持ちかけていた。

「どんな仕事でもいい。金が手に入るんだったら手伝うから」

その言葉を覚えていた黒田が、真っ先に大川に声をかけたのである。

当初は、黒田と大川の二人で犯行を重ねたが、成果は上がらなかった。二人より三人のほうが成功する確率が高まる——そう考えた黒田は地元の後輩の中野にも声をかけた。

中野は自動車整備関連の専門学校を卒業したものの、定職には就かずアルバイトを転々としていた。黒田に声をかけられたのは２０１１年の暮れのことだ。

「じゃ、行こか」

声をかけられたといっても、黒田にはそう言われただけだ。いきなり現場に連れていかれた中野は、黒田と大川が犯行を行っている間、待っている車の中から周囲を見張る役目を与えられた。その日から、中野は窃盗団のメンバーに加わった。

窃盗現場

２０１２年２月14日過ぎ、三人は長崎県B市内のある町に入った。駅から北東方向に１㎞ほど進んだあたりから南北に細長く広がる住宅地である。その日のB市は、２月の深夜にもかかわらず気温は８度を超え、この季節にしては暖かな小雨が降っていた。

黒田はベンツをコインパーキングに入れた。

三人は車を降りると、透明のビニール傘を差して駐車場をあとにした。黒田は黒いキャップをかぶり、ボア付きのダウンジャケットの下に黒いトレーナー、中野は上下黒のジャージを身につけている。大川は、フード付きの黒いジャケットに黒いパンツ、黒縁の眼鏡をかけていた。時刻は午前１時32分。

まず、犯行に使う車を盗むために市街地に向かった。

彼らのようなプロの窃盗団は盗んだ車で犯行に及び、終われば乗り捨てる。三人は、周囲に目をやりながらスバルレガシィを探した。レガシィは、かなりスピードが出る。素早く犯行現場から撤収し、警察から逃走するためにも、速い車は絶対条件だった。

彼らは、金品だけでなく衣料品や靴、眼鏡などを盗みのターゲットとした。場合によっては金庫ごと持ち帰ることもある。かさばる盗品を積み込める広めの収納スペースも、レガシィの特徴だった。犯行車両として盗むには格好の車だった。

いつもはすぐに見つけられるレガシィが、この日はなかなか見当たらない。土地鑑がないからだろうか。黒田は周囲に鋭い視線を送る。ふと、ある駐車場が目に入った。

黒田が目をつけた車は、路地側から見て左から二番目のスペースに停まっていた、白いスバルインプレッサだった。レガシィほどではないものの、インプレッサもスピードは出る。やや小ぶりだが、収納スペースも狭くはない。駐車場に照明は設置されていないが、街灯の明かりで深夜でもかなり明るい。盗みをはたらくには良い条件ではなかったが、黒田は、インプレッサの窃盗を強行した。

時刻は午前1時40分。大川と中野が周囲に目を配るなか、黒田は、運転席側のドアの取っ手の隙間からマイナスドライバーを差し込んだ。ある一点でドライバーをひねるとロックが解除される。ドアを開け、黒田は運転席にもぐり込んだ。反対側のドアからは中野が助手席に乗り込む。黒田が「作業」しやすいように、手元を懐中電灯で照らす。

黒田は慣れた手つきでハンドルカバーを外し、キーシリンダーを露出させた。常備している道具で穴を開け、シリンダー内部のバネを引き抜き、ハンドルロックを解除する。さらにシリンダー後方のある一点を道具を使って慎重に回す。エンジンが始動した。作業時間はわずか3分。三人はインプレッサに急いで乗り込み、ベンツを停めたコインパーキングに戻った。

午前1時53分、ベンツのトランクに積んでおいたバールほか、窃盗に使う工具をインプレッサに移し替える。三人はそれぞれ手袋、マスクをして再びインプレッサに乗った。午前2時11分、B市インターチェンジからバイパスに乗って別の市に向かう。

到着後は、あらかじめ下調べしておいた金・プラチナの売買業者やガソリンスタンドに盗みに入った。午前3時49分には犯行現場からふたたびB市に戻る。午前4時1分にコインパーキングでインプレッサとベンツを入れ替え、黒田と中野は宿泊先のホテルに向かった。別の予定がある大川とは、そこで別れた。

2月14日の日付が変わるころ、黒田と中野はふたたびコインパーキングに向かった。二人は昨晩のインプレッサに乗り込み、人気のない場所に移動した。この車は、すでに盗難届が出されているはずだ。車種とナンバーから足がつくのを警戒し、あらかじめ盗んでおいたナンバープレートに付け替える。

二人は、目星をつけていた無人店舗のガソリンスタンドに車を走らせ、犯行に及ぼうとした。スタンドのそばに車を停めると、１台の車が近づいてきた。見た目は普通の乗用車のように見える。だが、中野は過去の経験から警察の覆面車両だと見抜いた。

「覆面です」

中野の声を聞くと同時に、黒田はアクセルをそっと踏んだ。それを逃走と見切った覆面車両が、赤色灯を回して追ってくる。黒田はアクセルを思いきり踏み込んだ。

一車線の直線道路は１５０㎞、二車線以上の大通りでは１８０㎞近くまでスピードを上げた。信号無視、頻繁な右左折、Ｕターンを繰り返しながら追跡をかわす。しばらくして後ろを確認すると、警察車両の姿は消えていた。

警察が盗難車のインプレッサを探しているのはほぼ間違いない。ナンバーを付け替えても警察に見つかればまた追跡される。二人はこの車を諦《あきら》め、近くに停まっていたホンダオデッセイを新たに盗むと、ベンツを停めたコインパーキングまで戻った。

帰路は中野がハンドルを握った。長崎県のインターチェンジから長崎自動車道に乗ったのが15日午前4時25分、中国吹田インターチェンジで降りたのが午前10時42分。帰りも6時間余りで高速を走り抜けている。

手口

窃盗団の犯行パターンは一貫していた。

盗みに入る日を決めるのはリーダー格の黒田だ。日取りが決まると、大川と中野が盗みに入る場所をリストアップし、黒田の承認を受ける。犯行当日、メンバーは各自の車でアジトに集まる。大阪府A市にあった彼らのアジトは「黒田ガレージ」と呼ばれていた。

集合時刻は犯行時刻から逆算して午後10時前後になることが多かった。三々五々、アジトに集まったメンバーは黒装束に着替え、帽子、マスク、覆面などで顔を隠す。準備が整ったところで1台の車に全員が乗り込み、ガレージを出発する。トランクには、盗みに入るときに使用するバール、ドライバーやクリッパなどの工具、あらかじめ盗んでおいたナンバープレートが積んであった。

すぐに犯行現場には向かわない。まずは車をゆっくりと流し、犯行に使用するスバルレガシィを物色する。人気の車種なので、どこに行ってもたいてい見つけられた。車のドアの開け方、エンジンのかけ方を知っているのは黒田だけだ。現場では、ほかのメンバーは見張り役やサポート役に回った。盗んだ車を使い続ける場合には、あらかじめ盗んでおいた他車のナンバープレートに付け替えた。プレート「封印」部の穴を隠すために、ペットボトルのキャップを被せておくのが常だった。

犯行車両の用意が終わると、ガレージから乗ってきたメンバーの車を駐車料金のかからないスーパー銭湯などの駐車場に停める。トランクの工具を移し替えてから、全員が犯行車両に乗り込む。その後、あらかじめネットで検索しておいた犯行場所に移動する。

黒田の窃盗団は、人がいる場所に押し入るような、いわゆる「強盗」はやらない。空き巣専門だ。犯行は侵入から逃走まで3分ほど。警察はこれを「ヒット・アンド・アウェイ型」と呼んでいた。3分以内に収めれば、セキュリティシステムが作動し、警備会社に通報されても、警備員が駆けつけるまでの間に逃走できる。警察の追跡もかわせる。

逃走時に重要な役割を果たすのが運転手である。この役割を担ったのが、途中から窃盗団に加わった吉沢雄太だった。吉沢は黒田の幼馴染で、中学卒業後、職を転々としたが、そのころは中古車販売のブローカーをしていた。月収20万円ほどを稼ぐも、遊ぶ金がなかった。そんなときに声をかけてきたのが黒田だった。

「ユウちゃん、俺らの仕事の運転手をしてくれへんかな」

金が欲しかった吉沢は、二つ返事で了承した。ただし、黒田には「車の運転の手伝いに限る」と言い含めた。実際、吉沢は盗みの現場には一度も入っていない。

その吉沢は昔から運転が抜群に上手かった。警察に追跡されても、悠々と「まける」ほどの腕前を持っていた。窃盗団の「仕事」中は、高速に乗っても一度も料金を払ったことはない。ＥＴＣレーンは、バーとバーの間をドアミラーを折りたたんで通過すれば、車のボディに傷がつく程度で突破できた。盗難車だから多少の傷ができても構わない。写真を撮られる瞬間に顔を隠せば、警察からの手配も気にする必要がなかった。

犯行を終えるとスーパー銭湯の駐車場に戻り、盗んだ「戦果」や道具を自分たちの車に移し替えて三人がその車に乗る。残りの一人は引き続き犯行車両を運転し、2台連なって移動する。流しているときに見つけた適当な場所に犯行車両を乗り捨てた。捨てる場所がたいていコインパーキングか青空駐車場だったのは、窃盗団なりの「配慮」だった。見慣れない車が停められていれば、いずれ放置車両として警察に通報される。捜査の結果、元の持ち主のところにすみやかに返却されるだろうという理屈だった。乗り捨てたあとは、四人で黒田ガレージに戻る。

盗んだ物品の分配は、リーダーの黒田が仕切った。黒田は、どのような役割を担ったかにかかわらず、すべてのメンバーに対して必ず均等に分けた。だから不平が出たことは一度もない。仕事を済ませたあと、メンバーは来たときの服に着替え、それぞれ乗ってきた車に乗り替えて家路につく。

２０１１年12月ごろから始まった窃盗団の犯行は、全員が逮捕される２０１４年前後までの約2年間で数百件に達した。

1年後の2013年2月、長崎県警はインプレッサの窃盗事件に対して黒田への逮捕状を取得する。現場に捨てられていた高速道路通行券から、前歴のある黒田の指紋が検出されたのが決め手だった。すぐに黒田のベンツが特定され、コインパーキングの防犯カメラに盗難車両のインプレッサやオデッセイが映っていた事実などから、黒田の犯行が特定されたのである。

まもなく黒田の所在も大阪で確認された。逮捕のチャンスはあったが、逮捕状の執行は見送られた。共犯者の身元が判明していなかったため、黒田を逮捕し自供させても、窃盗団の全容を解明し、すべての犯行を立証するには証拠が足りないと判断されたからだ。そうとは知らない窃盗団は、その後も犯行を重ねていく。

そのころ、捜査の主導権は長崎県警から大阪府警に移っていた。長崎県警、大阪府警らによって合同捜査本部が結成され、窃盗団の本拠地がある大阪府警が中心となって捜査にあたる運びとなった。大阪府警は窃盗団の一網打尽を狙い、黒田ガレージや窃盗団の立ち回り先などの張り込みと尾行を強化した。

その一環として、窃盗団逮捕の直接の事由となった2013年8月6日夜から7日にかけて行われた犯行に対し、大阪府警は連続13時間にも及ぶ監視、追尾を行ったのだった。

不発

その日の犯行も、黒田ガレージから始まった。

いつもどおり四人は黒装束に着替え、日付が変わった8月7日午前1時7分に吉沢の運転するプリウスに乗り込んだ。向かったのは大阪府C市にあるコインパーキングだった。そこには、前日に黒田が盗んだグレーのレガシィが停められている。窃盗団は前日6日未明にも犯行に及んだが、戦果がなかったため翌日も盗みを行うことにしていた。

午前1時26分、パーキングに到着。吉沢を除く三人が車から降り、目立たない場所に停めてあるレガシィに乗り込んだ。プリウスとレガシィは2台連なってパーキングを出発、途中で二手に分かれた。プリウスはいつものスーパー銭湯の駐車場を目指し、レガシィは細い路地に入っていく。速度を落とし、ナンバープレートを盗めそうな車を物色した。途中、黒田はとある駐車場に停めてあったトヨタアクアに目をつけ、そこでナンバープレートを盗むよう大川と中野に指示した。

「あの車から盗れや」

中野と大川はアクアの前後に分かれ、ドライバーでナンバープレートを外してレガシィに取りつけていく。その間、黒田は周囲を見渡せる場所に移動し、あたりに気を配る。たまたま男性が通りかかり、黒田と目が合った。緊張が走ったが、特に何も言われなかったのでそのまま仕事を続けた。

黒田はふたたびレガシィを走らせ、ガソリンスタンドに立ち寄って給油を済ませたのち、吉沢が待つスーパー銭湯の駐車場に向かう。合流後、近畿自動車道のインターチェンジから高速に乗り、兵庫方面に向かった。時刻は午前1時49分。しばらく走ったのち、午前2時8分に兵庫県内のインターチェンジで高速を降りる。いつものようにドアミラーをたたみ、ＥＴＣレーンのゲートの中央部分をすり抜けるように強行突破した。

午前2時21分、兵庫県D市のショッピングモールの入口付近にあるコインパーキングにレガシィを停めた。吉沢以外の三人が降り、モールの敷地内に侵入して盗みができそうな店舗にあたりをつけていく――。

――そのときだった。表通りを妙にゆっくりと走る車に中野が気づいた。車種はシルバーのトヨタノア。中野には、黒田ガレージの近くで何度か見かけたノアと同じ車のように見えた。その車が深夜に兵庫県まで来ている。恐怖を感じた。

（警察に尾行されているんじゃないか……）

偶然ではないと感じた中野は、黒田と大川に伝えた。黒田も車をよく見た。乗っている人物がこちらをじっと見ている。黒田はその人物と目が合ったような気がした。

「逃げるぞ！」

三人は走ってレガシィが停めてある駐車場に向かい、車に乗り込むと、急いでその場から逃走した。モールでの犯行を断念した四人は、午前2時33分、インターチェンジからふたたび高速に乗った。

四人が目指したのは簡易郵便局だ。簡易郵便局が頻繁に窃盗の被害に遭っている事実を知っていた黒田が、大川と中野に「(簡易郵便局も) 見ておけ」と指示を出していたのだ。

犯行に及ぶ前、周囲に人がいないかどうか、ひと回りすることにした。なにわナンバーのワンボックスカーが郵便局の裏手の路上に停まっていた。ショッピングモールでこちらを見ていたノアとは違う車種のように見えた。

「でも、なにわナンバーの車がどうしてこんなところに停まっているんやろ？」

車の右側を通過するときに覗き込んだが、人は乗っていなかった。

「この家に遊びに来てるんかな……」

Uターンして簡易郵便局に戻った。戻るときもワンボックスカーの横を通り過ぎたが、人の姿は見えなかった。

盗みを決行したのは、午前3時13分。帽子とマスクで変装し、ゴム手袋をつけた黒田、大川、中野の三人は、それぞれ一本ずつバールを握った。裏手に回ると勝手口はガラスがはめ込まれた引き戸になっていた。黒田が鍵の近くのガラスを三角形に割る。手を入れて鍵を開けると、そこは炊事場だった。大川と中野が先に侵入し、黒田も続く。さらに奥に進むには、鍵のかかった木製のドアを開けなければならない。大川と中野がバールでこじ開けた。

中に飛び込むと、簡易郵便局の事務室だった。入ってすぐ右手に大きな金庫がある。

「おい、カメラあんぞ」

黒田は、二人に防犯カメラに注意するよう促した。そのとき、侵入者を感知したセキュリティシステムが作動した。正面出入口にある非常点滅灯が明滅し、けたたましくサイレンが鳴る。金庫の並びにあるモニターには防犯カメラの映像が映し出されていたが、正面出入口を映した映像には、非常点滅灯が明滅している様子が映っていた。

金庫の鍵は、事務机の左側にある三段ロッカーの引き出しの中にあった。しかし、ダイヤルの番号がわからない。バールで金庫をこじ開けることもできず、大きすぎて持ち出すこともできない。黒田は諦め、引き揚げる指示を出して侵入した勝手口から外に出た。だが、二人があとに続いてこない。まだ金目の物を探しているのだろう。黒田はイラついた。

「行くぞ、早よせえ！」

二人が出てきたのは、黒田が出てから1分後。バールしか手にしていないところを見ると、何も見つからなかったようだ。後日、この郵便局が提出した被害届には、事務机の引き出しに保管されていた印紙21枚（4200円相当）の盗難が記録されている。窃盗団のなかで、盗んだ記憶のある者はいなかった。

疑念

レガシィに戻ると、エンジンをかけたまま待機していた吉沢が車を出す。猛スピードでその場を離れた。途中の信号で停車したとき、反対車線の先頭に、ショッピングモールでこちらを凝視していた、あのノアが停まっていた。さらに逃げていると、車内でビデオカメラを回す車ともすれ違った。黒田は腑に落ちなかった。自分たちは間違いなく尾行されている。だが尾行を振り切っても、どこからともなく警察車両が現れる。携帯電話の電波か何かで追跡されているのだろうか。

あのノアには二度も見られている。ナンバーを把握された可能性は高い。大阪まで無事に帰るためにも、もう一度ナンバープレートを付け替える必要があった。

吉沢は窃盗団の運転手として、全員を無事に大阪まで逃げ切らせる役目を担っている。国道に出たレガシィは、南下、北上を繰り返した。突然転回したり、不用意にブレーキを踏んで低速走行をしたり、時には急停車したりして、尾行の有無を確認した。警察車両が追ってくる気配はない。吉沢は、追跡を振り切ったと確信した。

ナンバープレートを盗む場所を探しやすいよう、吉沢は速度を落として走行した。午前3時31分、小さな交差点を左折し、細い路地に入ると病院の駐車場があった。

ターゲットにされたのは、この病院の駐車場に停めてあったトヨタウィッシュだった。いつものように大川と中野が前後に分かれてナンバープレートを盗み、レガシィに付け替えた。黒田は見通しのきく場所に陣取って周囲を見張り、吉沢は車の中でいつでも発進できる態勢で待ち構えた。午前3時35分、ふたたび国道に出てきたレガシィは、違うナンバープレートをつけていた。

ここから大阪に帰るルートは、吉沢に一任されていた。

往路に使ったのが中国自動車道だったので、帰りは山陽自動車道にしようと考えた。

ＥＴＣを突破したときに写真を撮られているだろうし、警察が検問を行っているかもしれない。午前３時37分、レガシィは山陽自動車道に入った。中国吹田インターチェンジで降りたときには午前４時３分になっていた。

大阪に戻ってからも、警戒は解かずにいた。警察の尾行がないかを確認しながら、吉沢のプリウスを停めてあったスーパー銭湯の駐車場周辺をグルグルと回った。裏手の道路にレガシィを停め、吉沢だけが歩いてプリウスを取りに行く。

プリウスとレガシィは２台連なってしばらく流し、タイミングを見てレガシィを捨てた。そこはＣ市内の中学校のそばにある駐車場だった。

全員で黒田ガレージに戻った時刻は午前５時26分。周囲に、警察の車両はいないように見えた。四人は、警察の尾行を完璧に振り切ったと安堵した。来たときの服に着替え、それぞれの車に乗ってガレージをあとにした。

刑事弁護人　目次

主な登場人物（文中敬称略）

GPS弁護団

亀石倫子我妻路人小野俊介小林賢介舘康祐西村啓高山巌　弁護士
我妻路人　上田國廣　弁護士
小野俊介　指宿信　成城大学法学部教授
小林賢介　山田哲史　岡山大学法学部准教授
舘康祐　後藤貞人　弁護士
西村啓　園尾隆司　弁護士　元最高裁判所総務局長

被告人

黒田行男★　浜本健司★　大阪府警警部補
中野武★　津田★　最高裁判所書記官
大川道二★
吉沢雄太★

各ブロック内は登場順
★の人物は仮名

第一章

受任

「黒田ってヤツが捕まったから、大阪府東警察署に行ってくれませんか」

弁護士法人・大阪パブリック法律事務所（以下、大阪パブリック）の弁護士、高山巌のもとに、刑事弁護の依頼が舞い込んだ。２０１３年12月11日のことである。

逮捕された黒田の容疑は、同年8月に大阪府C市ほかで駐車中の自動車から、ナンバープレート2枚を盗んだというものだった。

このころの高山は多忙を極めていた。もともと朝日新聞社の記者だったが、5年で退社し、京都大学法科大学院を経て弁護士になった高山は、国家権力の横暴に憤り、検察官や警察官の対応に怒る生粋の刑事弁護人だった。数々の事件で無罪を勝ち取り、刑の減免も何度も実現させている。

実績を誇る高山のもとには、刑事弁護の依頼がひきも切らない。すでに仕事が山積みで黒田の十分な弁護を自分で引き受けるのが難しいと判断した高山は、左隣に座っていた二期後輩の弁護士である亀石倫子《みちこ》に声をかけた。

「店舗荒らしみたいなんだけどさ、亀石さん、行ける？」

弁護士登録5年目の亀石は、高山から刑事弁護のイロハを教わった。その大先輩の申し出を断る理由はなかった。

「もちろん行きます」

接見

逮捕から72時間以内に裁判所から勾留《こうりゅう》決定が得られなければ、捜査機関は被疑者を釈放しなければならない。警察はその３日間で、勾留するに足る証拠を揃え、被疑者から自白を引き出そうと躍起になる。だが、黒田は警察の取り調べに最初から全面的に協力した。証拠も揃い、12月６日には大阪簡易裁判所から「勾留状」が発付《はっぷ》された。

勾留決定の日から10日間、そして原則として一度だけ認められる延長によって、さらに最大10日間の勾留期間が認められる。つまり、逮捕の日から数えて最大23日間で検察は起訴・不起訴の判断を下さなければならない。被疑者の勾留期間を長くしたければ、被疑者を「別件」で再逮捕・再勾留すればいい。再逮捕時点からふたたび「新しい23日間」が起算される。いったん起訴されると「被疑者」は「被告人」となり、刑事裁判の当事者となる。

刑事弁護人にとって、この23日間はその後の弁護活動をするうえで非常に重要である。被疑者が被疑事実を認めている場合であっても、この期間にできるだけ被疑者と接見し、事件に至る経緯や動機、背景事情などについて詳細に聴取し、被疑者と信頼関係を築きながら、起訴後の弁護活動に必要な手を打っておかなければならない。

亀石は、その日の夕方に黒田に接見するスケジュールを組んだ。

大阪は、刑事弁護に熱心な弁護士が日本でもっとも多い地域と言われる。大阪パブリックは、刑事弁護の世界で名の知れた弁護士が数多く在籍する事務所だった。この事務所の弁護士たちは、一度に抱える刑事事件の数が他の弁護士と比べても多く、誰もが常に20件から25件ほどの刑事事件を抱えていた。

被疑者や被告人に接見するために、警察署や拘置所に頻繁に通う。複数の公判が重なれば、裁判所に入り浸《びた》る日も多い。事務所にいても、その日にあった出来事について、そこかしこで弁護士同士の議論が交わされた。

「この手続きはどうやればいいの？」

「警察に行ったらこんな扱いを受けたんだけど、ちょっとおかしくないか？」

刑事事件は「即時の」判断を求められる。その意味で、刑事弁護人としての職人的な能力の高い弁護士が多く在籍していた。

もともと大阪パブリックは、大阪弁護士会の支援を受けて運営される「公設事務所」だ。刑事事件に特化した「刑事公設事務所」と、民事事件に特化した「民事公設事務所」が統合されている点に特徴がある。多くの公設事務所は過疎地で不足する弁護士を補う性格を持つが、大阪パブリックは刑事事件に重点を置く「都市型公設事務所」という位置づけだ。その性格からか、大阪地方裁判所北門の目の前に事務所を構えている。

すでにあたりが暗くなった午後6時、亀石は大阪府東警察署に向かった。正面入口から留置管理課へ通され、亀石は必要な手続きを経て指定された接見室に入った。頑丈なコンクリートの壁に囲まれた接見室の中央には、被疑者と弁護人を仕切る分厚いアクリル板がある。窓はなく、狭い。照明も暗く、壁や扉など内装はすべて古くさかった。被疑者側に一つ、弁護人側に三つの椅子が置かれている。

弁護人が被疑者に接見する際は、弁護人が先に接見室に入ることが多い。被疑者を待つ弁護人はたいてい椅子に座る。やがて留置管理官に連れられて被疑者が入ってくる。このとき、座ったままで挨拶する弁護士が多い。被疑者は立ったままで姿勢を正し「よろしくお願いします」と言って頭を下げる。この短いやり取りで、弁護人と被疑者の間に厳然たる上下関係が形成されることになる。

大阪パブリックは、その姿勢を許さない。被疑者が入ってくるまで、椅子には座らず立ったままで待つ。留置管理官が被疑者を連れて入ってきたら、弁護人のほうから「よろしくお願いします。弁護人の〇〇です」と語りかける。アクリル板越しに名刺を見せ、被疑者が座るのと同時に自分も座る。被疑者との信頼関係を構築するうえで、欠かせないルーティーンだった。いったん上下関係が形成されてしまうと、被疑者が腹を割って話してくれなくなる。たとえ相手がアクリル板の向こう側にいたとしても、民事事件の依頼者と同じように接するのが常だった。

そこまでしても、たいていの被疑者は接見室に入って亀石を見ると、一瞬、失望の色を目に浮かべる。

「あ、女か」

「頼りなさそうだな」

「若いから、たいして事件(の弁護)をやっていないだろう」

男社会

その日も、いつものように立ったままで被疑者が入ってくるのを待っていた。留置管理官に伴われ、黒田が接見室に入ってきた。亀石は、黒田の目に一瞬浮かんだ困惑を見逃さなかった。

亀石自身は、初対面で失望されても仕方がないと思っている。男社会の弁護士業界、そして被疑者・被告人も圧倒的に男性が多い。困惑や失望はむしろ当たり前、そこから挽回できれば問題ないと思っている。

「こんにちは。ウチの事務所に依頼があって来ました亀石です。よろしくお願いいたします」

そう言って、アクリル板越しに名刺を見せた。それをじっと見た黒田も挨拶を返した。

「はい、よろしくお願いします！」

被疑者として勾留されている者には似つかわしくない、明るい声だった。

「じゃあ、ちょっと事件のこと、いろいろ聞かせていただけますか」

「いや、僕たちねぇ、いっぱい事件をやってるんすよ」

「被疑事実に間違いはないということですか？」

「ああ、そうなんです、そうなんです。だから、僕はぜんぜん争う気はないんですよ。もうパッと行って、パッと帰ってきたいんで。ただ、たくさん事件をやってるんで、この先、だいぶ長くかかると思うんですよね」

黒田ら窃盗団は三桁にのぼる犯行を重ねている。現段階では、駐車場でナンバープレートを盗んだ事件で勾留されているが、別の事件で再逮捕・再勾留される可能性もある。

「本当にたくさんあるんで、今の時点ではトータルで何件起訴されるのかわからないんですよ。けど、だいぶあると思いますよ」

「じゃあ、これから長い付き合いになりますね。よろしくお願いします」

「こちらこそ、よろしくお願いします」


黒田には「接見等禁止決定」が出されていた。そのため、弁護人以外の者との接見は、この決定が解除されない限り、禁止されていた。被疑者に接見等禁止決定が出されている場合、外にいる家族らに何を伝えるか――その役割を担うのも刑事弁護人の仕事の一つだった。

「足りていないものはありませんか」

衣服、コンタクトレンズなど、必需品を家族や知人に伝え、用意してもらって弁護人が差し入れることもある。

「体調は悪くないですか」

具合が悪ければ、医師に診てもらうよう警察と交渉する。

黒田には、外に内縁の妻がいた。

「どんなものを差し入れしてもらいましょうか」

「じゃあ、文藝春秋をお願いします」

「文学がお好きなんですか」

「はい。よく読むんですよ」

なるほど、それで文藝春秋なのか。亀石も、幼少のころから文学に親しんできた。娯楽的な内容の小説よりも、人間の本質を問う純文学に惹かれた。誰ともなじめなかった幼いころから、一人で本を読むのが好きだった。最後に答えも種明かしも書いていない純文学に触れることで、周辺にある事象を眺めながら本質を突き詰める癖がついた。身の回りで起こる出来事や、誰かの何気ないひと言に対して、気になって立ち止まってしまう。そんな自分の身の上を思い浮かべ、文学を好むという黒田に親近感を覚えた。

黒田は、罪も認めているし、健康状態も良好だった。内縁の妻とのコミュニケーションにも問題があるようには見えない。取り調べにどう対応すればいいか、供述調書をつくるときの流れや注意事項などは、慣れているからいちいち説明する必要はない。これから先、自分にどのような事態が降りかかってくるかもわかっている。それほど頻繁に接見に来なくても、せいぜい週に二、三回顔を見せに来て、被害者への弁償について話し合いながら、粛々と手続きを進めていけばよさそうだ。

この時点では、それほど難しい事件になるとは、亀石は思っていなかった。

刑事弁護人として

1974年6月に北海道小樽市に生まれた亀石は、小説家で翻訳家の伊藤整、映画監督の小林正樹、お笑いコンビ「極楽とんぼ」の加藤浩次などを輩出した小樽潮陵高校を卒業した。都会に憧れて東京女子大学文理学部に進学する。だが、そこからの4年間は「暗黒時代」だった。都会育ちの裕福な家庭で育った「お嬢様」たちに囲まれて怖気づき、何かに挑戦する勇気が持てなかった。親しい友人もほとんどできず、孤独だった。

大学の4年間で手にしたのは、自分に自信が持てず、田舎者が東京に負けた敗北感――そんな思いを抱えて小樽に戻る。就職は、大手通信会社の札幌支店に決めた。小樽から長距離バスで通勤する毎日を送るが、ここでも環境になじめなかった。

総合職で採用されたのに、女性だけ制服があった。入社してそれを見たとき「辞めたい」と思った。大人になってまで、人に決められた服を着るのが我慢できなかった。しかも、20代の若手と50代のベテランが同じ制服を着ている。自分が50代になったときに制服を着て仕事をする姿が想像できなかった。

毎朝、職場の社員全員で行うラジオ体操も意味がわからなかった。上司に呼ばれ、「どうしてあなたはみんながやっているのにやらないの？　どうして職場の和を乱すの？」と怒られた。周囲はみな、文句を言いながら従っていた。会社にいたら、おかしいと思っても黙って従う人間になりそうで怖くなった。２０００年12月、同僚との結婚を機に３年８ヵ月の会社員生活を離脱。年内には、夫の勤務する大阪に移った。

亀石は、仕事そのものは好きだった。望んで退職したものの、無職になる気はなかった。リクルートなど数社に中途採用の履歴書を送ったが、面接すらしてもらえない。少しは名の知れた東京の大学を出て、大手企業に３年８ヵ月勤務したところで、即戦力にもならなければ、第二新卒として期待もされない。

目標を、資格取得に切り替えた。大きな組織の中で、いてもいなくてもいい歯車の一つになるのではなく、自分の仕事が社会の役に立ったり、人に何かを伝えられたりする仕事に関わりたいと考えるようになったからだ。

いくつかの資格を検討した。だが、少し勉強するだけで取れるような資格は、すぐに役に立たなくなると思った。一生働きたいと願う亀石には、そんな資格が通用し続けるとは思えなかった。

小さいころから「何者かになりたい」と思って生きてきた。誰ともなじめなくても「どこかに自分がいるべき場所があるはずだ」と思い続けてきた。その願望と、一生続けられる仕事という条件に合致したのが弁護士だった。亀石が弁護士に目標を定めたのは、会社を辞めてから3ヵ月後のことだ。

2001年4月から司法試験予備校で学び、2年間猛勉強を重ねた。2003年の旧司法試験で「択一式試験」に合格。しかし、論文試験はまったく歯が立たなかった。2年間必死に勉強すれば、マークシート式の試験には合格できる。でも、論文試験に受かるほどの法的思考力はほとんど身につかなかった。

このままでは受からない。悩んだ末、法科大学院で勉強する道を選択する。

2004年に法科大学院を受験、公立・私立などいくつかの合格証書を手にした。学費のことも考え、公立の大阪市立大学の法科大学院を選んだ。2年間の法律既習者コースで学び、2007年の新司法試験を受験する。不合格。翌年ふたたびチャレンジ、合格者2000人余りのなかで1800番台というギリギリのラインで合格。2008年12月から司法修習生として1年間の研修を受け、2009年12月に修了し弁護士登録を果たす。弁護士を志してから、9年が経とうとしていた。

法科大学院時代に有能な刑事弁護人に出会った亀石は、彼らにしか明らかにできない真実があることを知る。以降、刑事弁護人になることを目標に定めた。男社会の弁護士業界、若くもない、司法修習生としての成績も悪い。とても採用されるスペックではなかったが、刑事弁護人になりたいという熱意を買ってくれた大阪パブリックに採用された。こうして2010年1月、亀石は弁護士としてのキャリアをスタートさせた。

亀石は、事務所に雇われる「居候弁護士《いそうろう》」――通称「イソ弁」である。イソ弁は、事務所に来る事件、所長に来る事件、先輩に来る事件を手伝いながら仕事を覚えていく。最初は、戦場に赴《おもむ》く兵士のような気持ちで事務所に通った。男も女も関係ない。先輩に「接見行ける？」と聞かれれば、どんなに遠い警察署でも引き受けた。おかげで大量の事件を経験し、少しずつ刑事弁護人としての「勘」のようなものが培われた。

残虐な事件を起こしたと疑われている被疑者と会っても、いつしか驚きも、恐れることもなくなった。被疑者や被告人に偏見を持つと真実が見えてこない。どんなに極悪非道と思える事件でも、累々と積み上げられた前科があっても、ひとまずそれは脇に置いてフラットな気持ちで話を聞く必要がある。彼ら、被疑者や被告人は、最初から弁護人を自分の味方だと思っているわけではない。まずは仲間だと思ってもらえなければ、何も始まらない。偏見や先入観を排し、被疑者や被告人と同じ目線に立つ。刑事弁護人として必要不可欠な資質だと亀石は考えている。

ＧＰＳ

初回の接見で、やり取りが一段落したところ、黒田が突然話題を変えた。

「ところで先生、僕のような人間に、こんなこと言う資格はないのかもしれないけど、警察は僕たちの車にＧＰＳをつけていたんですよ」

「は？　ジーピーエスですか？」

黒田が、その話題に言及した意図がわからず、正直、ピンとこなかった。

薄い反応を察したのか、黒田は詳しい話を始めた。

「今年の夏の終わりごろだったか、テールランプの球が切れたっていうんで、中野がバイクを修理に出したんですよ。で、バイクのシートの下にある部品を覆うカバーを外すと、『バイクの部品じゃないモノがついてる』って修理した人に言われたんです。見ると、ＧＰＳだったんですよ。中野は、いずれ自分のバイクにＧＰＳをつけようと思っていたみたいで、パンフレットでいろいろ見ていたんです。それと同じモノがつけられていたんで、ビックリしたみたいです」

まだピンとこない。

「夜になって中野から電話がかかってきたんです。『僕のバイクにＧＰＳがついていました。黒田さんも車を確認してみてください』って。翌日の昼ごろに自分の車の下を覗いてみたんです。そうしたら、車体の真ん中あたりに、黒い紐《ひも》のようなものがダランと垂れ下がっていたんです。何だろうと思ってさらにもぐってみたら、マフラーのパイプが並んでいる間に磁石で取りつけられているモノがあったんです」

黒田が何を言いたいのかわからない。

「取り外してみたら、紐のように見えたのは黒いビニールテープの一部が熱で溶けて取れかかったものでした。縦10㎝ぐらい、横5㎝ぐらいのプラスチックケースに、丸い磁石が6個だったかパテのようなもので取りつけられていて、黒いビニールテープでグルグル巻きにされていました。その中にGPS端末が入っていたんです」

黒田の話はわかった。しかし、どこに問題があって、どういう対応をすればいいのか、亀石にはすぐにはわからなかった。

「僕たちは、大阪以外のいろんなところに行って悪いことをしたんですけど、よく考えると、行く先々に『なにわ』ナンバーの車があったんです。みんなで、『どうして俺たちの位置がわかるんだろ』って話してたんです」

確かに、それは気分がいいものではないだろう。

「もしかしたら、僕らの携帯電話の位置情報が警察に把握されているのかもしれないという話も出ました。だから、中野のバイクや自分の車にGPSがつけられていたことがわかったとき、ああ、警察はこんなものを使っていたのかって合点がいったんです」

亀石は、ふと気になったことを口にした。

「で、そのGPS端末はどうしたんですか？」

「そのときは、用事があってすぐに出かけなければならなかったので、取り外したGPS端末を、近くに置いてあった軽トラックにくっつけて出かけたんです。戻ってきてからその軽トラを見たら、すでになくなっていました」

「写真も撮ってない？」

「撮ってないです」

「中野さんも？」

「中野も撮っていないと思います」

「黒田さんたちの間で、話題になっただけ？」

「まあ、そうです」

話としては興味深いが、何も証拠がない。

（うーん、そうか。この人が言っているだけなんだよな……）

裁判で問題にするには、大阪府警がそのような捜査をしていたことを裏付ける事実が絶対に必要になる。亀石は、黒田の話の裏付けをどうやって探せばいいのかを考えながら話を聞いていた。

「先生、警察ってそんなことまでやっていいんすか？」

黒田の口調に熱が帯びる。

「そりゃ、自分が悪いことをしたのはわかってます」

「はい」

「だから、それを争う気はぜんぜんないんです。素直に認めて、刑務所に行きます」

「はい」

「でも、警察がそこまでやっていいのか、どうしても不思議なんですよ」

亀石は、黒田の疑問に即答できなかった。だが、黒田が疑問に感じている以上、それについて応えるのは弁護人としての責務だと思った。

「わかりました。私も、ＧＰＳがつけられていたなんて話は初めて聞いたので、次に接見に来るときまでに調べてきますね」

亀石は、接見の際には必ず次回の日取りを決める。被疑者が不安に思う気持ちを少しでも和らげたいと思うからだ。

「次回は、4日後の15日に来ます。それまで待っててください」

亀石は接見室をあとにした。

依頼人の疑問や要望に対して、弁護人はそれなりの回答を持っていかなければならない。使える時間は3日間。その間、できるだけの努力をしようと決めた。

第二章

賭け

GPS捜査をめぐる裁判についてウェブサイトで調べてみると、最初にヒットしたのは2012年の「ジョーンズ判決」だった。

2004年、アメリカ連邦捜査局（FBI）とコロンビア特別区（ワシントンD.C.）警察の合同捜査本部は、アントニー・ジョーンズに対して麻薬不法取引の容疑で捜査を開始した。捜査によって得た情報に基づき、捜査当局はコロンビア特別区連邦地方裁判所にジョーンズの妻名義で登録されている車にGPSを取りつける許可を求め、令状の交付を申請した。

裁判所は令状を交付したが、その際「コロンビア特別区内に限定」「10日間限定」という条件を課した。だが、令状交付の11日後、捜査員はメリーランド州で該当する車にGPSを装着。その後も4週間にわたり、GPSを利用してジョーンズを追跡した。

結果、ジョーンズは逮捕・起訴される。ところが、令状の条件を無視して得た証拠をもとに起訴されたジョーンズは、GPSによって得られた証拠を採用しないよう裁判所に求めた。連邦地方裁判所は、ジョーンズの申し立ての一部を認めた。

控訴審のコロンビア特別区連邦控訴裁判所は、「令状なしにGPSを使用して証拠を収集する行為は、ジョーンズのプライバシーを侵害しており、不合理な捜索や逮捕押収を禁じた連邦憲法修正第4条に反する」として原審判を覆した。連邦政府はこれを不服とし、連邦最高裁判所に上告。審理の末、ＧＰＳを被疑者の車に装着した行為は憲法修正第４条にいう「捜索」にあたり、さらに、令状で許可された期間と場所を逸脱して証拠を収集する行為もまた憲法修正第４条に違反する――との判断を下したのである。

最高裁のソトメイヤー判事は、補足意見を次のように述べた。

「ＧＰＳによる監視は、他の監視手段に比べると低コストで行うことが可能となり、短期間でも対象者の行動をすべて白日の下にさらすことができる。そこには政治性、専門性、宗教性、性的嗜好などといったプライバシーが反映する。これらの記録を保存し、編集して利用することにより、対象者を萎縮させたりプライバシーを侵害したりすることが容易となる。このようなＧＰＳによる監視の特徴を看過することはできない」

強制処分か任意処分か

ネット検索を続けると、ジョーンズ判決に対する日本の刑事訴訟法学者の評釈が８件出てきた。すぐに取り寄せて読んだが、日本でＧＰＳが捜査に使われているかどうかについてはわからなかった。「ＧＰＳ捜査は、どのような法的性質をもつのか」「令状が必要なのか、必要ではないのか」という点については、学者の意見が分かれていた。

捜査の法的性質は、大きく二つに分かれる。一つは強制処分（強制捜査）だ。強制処分とは、個人の意思を制圧し、身体、住居、財産などに制約を加えて強制的に捜査目的を実現する行為など、特別の根拠規定がなければ許容することが相当でない手段を指す。刑事訴訟法第197条但書《ただしがき》には「強制の処分は、この法律に特別の定《さだめ》のある場合でなければ、これをすることができない」と書かれている。強制処分は法律に規定されており（強制処分法定主義）、かつ原則として裁判所の発付する令状がなければ行うことができない（令状主義）。たとえば、逮捕するには逮捕状が必要となり、家宅捜索をするには捜索差押令状が必要となる。

これに対し、任意処分（任意捜査）は強制処分を除くすべての捜査を指す。この場合、個人の重要な権利、利益を侵害するとまでは言えないため、裁判所の令状を取る必要はない。よく知られた任意処分に「尾行」「張り込み」がある。尾行や張り込みは、一般に、プライバシーを侵害する程度が高いとは考えられておらず、裁判所の令状なしに行うことができる。

強制捜査は、任意捜査では目的を達することができない場合に、はじめて正当化される。犯罪捜査規範第99条でも「捜査は、なるべく任意捜査の方法によって行わなければならない」と規定されている。「任意捜査の原則」である。

はたしてGPS捜査は、令状が必要な強制処分なのか、それとも任意処分なのか。

強制処分だとしたら、どの令状を取る必要があるのか。

亀石は、この点について知りたかった。

さらに調べると、新聞記事がヒットした。２０１３年8月18日付の朝日新聞。記事には、福岡地裁で公判が開かれている覚せい剤取締法違反事件で、捜査の段階で、捜査機関によって令状なく被疑者の車にＧＰＳ端末が取りつけられた事実を弁護人が問題にしていると書かれていた。国内でＧＰＳ捜査が問題にされた事件を扱った記事はこれ以上見つからなかった。

ジョーンズ判決と福岡地裁の事件を知った亀石は、ＧＰＳ捜査は日本でも行われていて、それを令状なしで行うのは問題があると直感した。黒田の言っていることが本当だとしたら、かなり大きな問題になる。刑事弁護人としての勘だった。

続いて、全国の刑事弁護人が加入するウェブサイト「刑事弁護フォーラム」を開いた。サイト内のフォーラムでは、全国の刑事事件や裁判に関する情報交換や、論点についての議論が活発に行われている。

〈福岡地裁の覚せい剤取締法違反事件を担当されている弁護人がどなたか知りませんか？〉

すると、かつて大阪パブリックに所属し、のちにＧＰＳ弁護団に合流する我妻路人《あがつまみちと》弁護士から連絡が返ってきた。

〈僕、知ってますよ〉

担当は、福岡の著名な刑事弁護人である上田國廣《くにひろ》だという。亀石は、すぐに上田に連絡を取った。メールには、こう書いた。

〈上田先生は覚せい剤取締法違反の事件でＧＰＳ捜査について争われていますが、どのような捜査が行われたのでしょうか。また、先生はＧＰＳ捜査に関するどのような証拠を入手され、どのような主張をされているのか教えていただけませんでしょうか〉

亀石の問いかけに、上田はさまざまな情報を提供してくれた。警察官の証人尋問調書では、ＧＰＳを捜査に使用する警察の言い分が理解できた。さらに大きな意味を持つのは、警察がＧＰＳ機器をレンタルした警備会社から、上田が裁判所に刑事訴訟法第２７９条の公務所等照会手続を申し立てて取り寄せた「位置情報の履歴」だった。今後進めていくべき手続きのヒントとなる情報が得られたのは、亀石にとって大きな収穫だった。

ただ、福岡の事件では、ＧＰＳ捜査によって直接得られた証拠が、裁判の証拠として請求されていなかった。それ以外の証拠で有罪を立証することができるケースだったためだ。実際の判決では「ＧＰＳの取りつけや尾行捜査と、本件職務質問との間に関連性はない」とされ、令状のないＧＰＳ捜査の適法性は判断されなかったのである。

どこまでが違法か

初回接見から４日後の12月15日、黒田との二度目の接見の日がやってきた。

亀石からの手土産は、ジョーンズ判決とその判断を考察した論文、福岡の覚せい剤取締法違反事件でもＧＰＳ捜査の適法性が争われていたという事実、そして、リクエストのあった文藝春秋だった。

亀石は、こう切り出した。

「いろいろ調べてみると、黒田さんの言うように、警察がＧＰＳを使った捜査をしていたのかもしれない。もし令状をとらずにやっていたとすれば、違法捜査ということになる可能性があると思います」

まだ確信はないにせよ、亀石も令状を取得せずに行うＧＰＳ捜査は違法ではないのかと考えていた。

そもそも違法収集証拠は、警察・検察という国家権力によって証拠を集める刑事裁判だからこそ問題になる。私人間で、相手に無断でＧＰＳを装着したとしても、民事事件で違法収集証拠が問題になることはめったにない。

実際、民事事件では妻が夫の車にＧＰＳを装着し、浮気の証拠として提出されるケースがある。携帯のＬＩＮＥメッセージを勝手に見て、パソコンに転送し、テキストデータに変換して証拠として出される事例も少なくない。秘密録音、秘密録画、つまり隠し録りによって得た音声や画像も、裁判で証拠として扱われている。

では、亀石はなぜ違法だと考えたのか。それは、対象者のプライバシーを侵害する可能性のあるＧＰＳ捜査を、令状も取得せずに国家権力たる警察が行った点で、憲法が原則とする令状主義に違反しているからだ。国家権力が違法に収集した証拠の能力は絶対に認めてはならない。これを認めてしまえば、強大な力を持つ国家権力の行動は必ずエスカレートしていく。やがて、歯止めが利かなくなる。

争うリスクとデメリット

亀石は、弁護方針を決めるときに「争ったほうがいい」「認めたほうがいい」という自分の考えを口にすることはない。考えられる選択肢とその見通しについて丁寧に伝え、最終的に決めるのは依頼人というスタンスを貫《つらぬ》く。たしかに無令状のＧＰＳ捜査は許すべきではないとわかっていても、依頼人にとって不利益が生じる側面もある。

「でも黒田さん、これを公判で争うには、いろいろなリスクとデメリットがあります」

一点目――警察がＧＰＳ捜査をしていた事実を突き止めるには、検察官の手元に集められた膨大な証拠の中からＧＰＳ捜査に関するものを見つけ出さなければならない。黒田や中野が証拠となるＧＰＳ端末を手元に持っていない以上、証拠はすべて検察側にある。そのためには起訴後に事件を「公判前整理手続《てつづき》」「期日間整理手続」に付さなければならない。

整理手続とは、刑事裁判を進めるに先立って争点と証拠の整理を行う手続きを指す。公判前整理手続は公判が始まる前に行われる整理手続、期日間整理手続は公判と公判の間に行われる整理手続を指す。

検察官は、手元にある膨大な証拠の中から、被告人を有罪にするために厳選した証拠だけを裁判所へ請求する。被告人の主張に必要な証拠は、弁護人側に開示されないことが多い。その前提に立てば、まずは検察官の手元にあるすべての証拠を弁護人が把握しなければ勝負にならない。だが、検察官がどのような証拠を持っているのか、弁護人には全容が見えない。現在はそれが不公平だという認識が広まり、裁判員裁判対象事件のような、整理手続に付される事件に限っては、すべての証拠のリストを開示させる方向に舵が切られつつある。しかし、当時はその流れはなかったし、窃盗は裁判員裁判の対象となる事件ではない。

そこで弁護人は「こういう証拠があるのではないか」と想像力を働かせ、検察官に「あるはずの」証拠の開示を請求する。これが「証拠開示請求」だ。想像が「当たれば」証拠が開示される。その開示された証拠を読み込み「こういう証拠があるのなら、こんな証拠もあるはずだ」と上下左右に展開していく。整理手続の間、必要な証拠が出てくるまで何度も何度もこの証拠開示請求を繰り返すとなると、どうしても公判が始まるまで時間がかかる。この整理手続だけで1年以上かかることも珍しくない。窃盗事件などでは、罪を認めて争う姿勢を見せず、相当程度、執行猶予判決が見込まれるような場合は、被告人には起訴後に保釈が認められることも多い。一方、違法捜査を争う姿勢を見せて、整理手続によって証拠開示請求を繰り返していると、その間、保釈が認められない可能性もある。拘束期間が長引けば、黒田にとっては辛い状態が続く。

二点目——違法捜査を争うとなれば、裁判費用がかさんでいく。証拠開示請求によって出てきた証拠は、原本が渡されるわけではない。謄写《とうしゃ》（コピー）を請求し、それを入手する形をとる。コピー代は、裁判所が指定する特定の業者が行うため、1枚40円と高額だ。証拠関係の書類は膨大なページ数にわたるものが多いため、この実費は大きな負担となる。

また、令状のないGPS捜査の適法性は、過去に判例のない、刑事訴訟法上の新しい論点であるため、学者がどのような意見を述べるかも重要になる。ＧＰＳ捜査に関する研究で実績のある学者に意見書を書いてもらうには、数十万円程度の費用がかかることもある。

三点目――時間をかけてここまでの努力を重ね、高額なお金をかけて学者に意見書を書いてもらっても、過去に判例がないため、どういう結果になるのかまったく読めない。努力の甲斐なく、任意捜査であり適法だと判断される可能性も当然ある。

四点目――争った末に違法捜査と認められなかった場合、裁判官から「これだけの罪を犯したのに、まったく反省していない」と思われ、量刑が重くなる可能性がある。被告人の反省する態度は、減刑の事情になり得る。

五点目――仮に令状のないＧＰＳ捜査が違法と認められたとしても、その違法性が量刑上考慮されない、つまり減刑されない可能性も十分ある。被告人が罪を認めていて、有罪とするに足るほかの証拠があれば、相場通りの量刑が言い渡されるだけであり、被告人にメリットはない。

亀石は、ＧＰＳ捜査に関して刑事裁判で争うリスクとデメリットをすべて伝え、そのうえで黒田に決断を委《ゆだ》ねた。弁護人は、被疑者・被告人の意向を尊重しなければならない。しかし、その前提として、彼らに考えられる限りの見通しを伝えなければならない。リスクやデメリットを説明するのは、暗に説得する形で諦めさせるためではない。

亀石は考えた。弁護人としてではなく、一人の人間として通り過ぎてはいけないような気がした。国家権力の暴走を目の当たりにして立ち止まらずにはいられない自分にも気づいていた。でも、リスクやデメリットを聞いた黒田が「だったらやめておきます」と言うかもしれないと思っていた。黒田がこの件で争うメリットは——何一つない。

「どうしますか？」

亀石は尋ねた。

「いや、それでも僕ははっきりさせてほしいです」

即答だった。黒田は、まったく悩んでいなかった。

「実費もそれなりにかかるけど、大丈夫ですか？」

亀石は、思わず自分の身にも降りかかるかもしれない心配を口に出してしまった。

「大丈夫です。何とかします」

はじめはそう言っていても、途中で支払えなくなる被疑者・被告人もいる。

「本当に大丈夫ですか？　実費だけでも１００万円はかかると思います」

「何とかします！」

黒田は明るく言い放った。

「こんな違法捜査を警察がやっていいのかどうか、ハッキリしてほしいんですよね」

亀石は、この黒田の言葉に「男気」を感じた。

黒田は潔《いさぎよ》くハッキリしている。悪いことはした。その罪は争う気はない。悪あがきはせず、しかるべき償いを受ける。言われた量刑を受け入れ、その期間は真摯《しんし》に「お勤め」をすると言っている。黒田は、自分はやってはいけないことをやって償うのだから、警察もやってはいけないことをやったのなら、潔く悪かったと謝ってほしいと言った。

下心はなさそうに見えた。争うことに特段のメリットもないからだ。黒田の「男気」に対し、亀石も「男気」で応える決意を固めた。この裁判は、大きな問題になるという直感もあった。

「黒田さんがそこまで言うのなら、私もやりますよ。全力で」

こうして、GPS捜査の違法性を争う方針が決定した。

(よしっ、やってやる!)

亀石は決意を新たにした。

弁護士は被害者・遺族の敵なのか

「刑事弁護人は、なぜ犯罪者を守るのか」

「どうして刑事弁護人は、悪いことをしたヤツらの弁護ができるのか」

「被害者や遺族の心情を、刑事弁護人は少しでも考えたことがあるのか」

「刑事弁護人は犯罪者の味方。だから、被害者や遺族は弁護人の敵だ」

「刑事弁護人は犯罪者の刑期を短縮することで、再犯罪が起こるのを助長している」

被疑者・被告人の弁護活動を行う刑事弁護人に対して、しばしばこのような疑義・批判の視線が向けられることがある。亀石もまた、こうした問いかけを何度も受けてきた。

被害者や遺族の側からすれば、そのように思われるのは無理のないことだし、理解できる。ただ、「刑事弁護人」という仕事の本質が、あまりにも社会から理解されていないようにも感じている。

彼女の考え方にもっとも近いのは次の言葉だ。

罪を犯したと疑われている人の権利を守ることは、自分を守ることでもある。

自分が弁護をしている被疑者・被告人は、もしかしたら自分だったかもしれないという感覚がある。

犯罪をしたと疑われて自分が逮捕され、起訴され、裁判にかけられたとする。その過程で、自分の行為が必要以上に捻《ね》じ曲げられるかもしれない。実態よりも過度に悪質だと判断されるかもしれない。いくら「真実」を語っても、聞く耳を持ってもらえないかもしれない。さまざまな方法で自白を迫られ、ありもしない「事実」を言わされるかもしれない。いちど被疑者・被告人の立場に置かれれば、どんな有名人だろうと、有力な政治家だろうと、裕福であろうとも、たった一人で国家権力と対峙する、一人の無力な人間なのだ。刑事弁護人がそばにいなければ、正当な手続きで裁判を受けられないかもしれない。

被疑者・被告人と捜査機関との間には、アリと象ほどの歴然とした力の差が存在する。捜査機関は強大な国家権力であり、強力な捜査権限に基づいて証拠を集められる。だが被疑者・被告人は身体を拘束され、自己に有利な証拠を集める手段も権限も資金も極めて限られている。

この圧倒的な力の差を無視して、公平・公正な裁判などできない。そこで、憲法は被疑者・被告人に適正な手続きを受ける権利（第31条）、弁護人を依頼する権利（第37条）、黙秘権（第38条）を保障することで、両者を対等な当事者と位置づけようとする。対等な当事者として公平・公正な裁判が行われなければ、被告人に刑罰を科す判決の正当性が担保されないからだ。

こうした手続きのなかで、刑事弁護人は被疑者・被告人に与えられた正当な権利に基づいて依頼される。被疑者・被告人に与えられた権利を最大限行使し、強大な国家権力である捜査機関と対峙する役割を担う。国家権力が適切に行使されているのかをチェックする——それが刑事弁護人の重要な役割なのだ。


亀石は、被疑者・被告人が自分とは無関係の世界の人だとは思っていない。彼らも自分も同じ社会に生きている。彼らに起きることは、いつ自分の身に起こってもおかしくないと思うと、傍観者ではいられない。

「ＧＰＳを勝手に車につけられた」と黒田から聞けば、勝手に自分の車につけられる事態を想像する。自分が知らない間に、警察によって自分の行動が洗いざらい把握されるかもしれない。黒田の権利が侵害される事態は、いつか自分たちの権利が侵害される前触れかもしれないのだ。

「黒田は悪質な窃盗犯だ。悪い奴なんだから、警察から勝手にＧＰＳをつけられて行動を確認されたって文句を言えるような人間ではない」

そのように考えるのは簡単だ。だが、結局、令状を取得せずに行ったGPS捜査は、黒田のような被疑者や被告人だけの問題ではなく、自分たち国民の問題でもあるのだ。「罪を犯すヤツの権利など守らなくていい」という考え方は、いずれ、罪を犯していない人間の権利さえも守られない社会を受け入れることになる。

それを法治国家と呼べるか。

罪を犯した疑いのある者の権利さえも守られる。それが、法治国家ではないか――亀石はそう思うのだ。

これらの理屈は、刑事事件とは無縁の市井の人々には理解しにくいかもしれない。実際は、被疑者・被告人の立場に立ってみなければ、なかなか現実味が湧かないだろう。

多くの人々は、自分は犯罪とは無関係であり、生涯罪を犯すことなどないと思っている。だが、これまで250件以上の刑事弁護を経験し、あらゆる犯罪の被疑者・被告人に話を聞いている亀石からすれば、自分が犯罪者にならない可能性がゼロだとは到底思えない。

なぜなら犯罪のきっかけは、誰にでも起こりうるようなことだからだ。

たとえば、ある40代後半の女性は精神的な病によって職を失い、あまりにも金がなくて老女の買い物袋をひったくった。ある20代の女性は、食べては吐くという過度なダイエットが原因で摂食障害になり、食料を盗むようになった。ある80代の男性は、一人で認知症の妻を介護するなかで将来を悲観するようになり、無理心中を図った。ある30代の女性は、孤独な育児で産後うつになり、わが子に障碍《しょうがい》を負わせてしまった。

自分が「そちら側」に行くはずがないとは、絶対に言い切れない。彼らが自分かもしれないという危機感は、心のどこかにいつもある。

だからこそ、亀石は刑事弁護人として被疑者・被告人の弁護を続けている。

手の内をどこまで明かす?

警察がGPS捜査を行っていた手がかりを得るため、検察官の手持ち証拠を開示させる——そのために、まずは裁判所から本件を公判前整理手続に付す決定を得なければならない。ところが、これがそう簡単にはいかない。
「裁判所は、充実した公判の審理を継続的、計画的かつ迅速に行うため必要があると認めるときは、(略)事件を公判前整理手続に付することができる」(刑事訴訟法第316条の2第1項)
裁判所に整理手続を認めさせるためには「争点が複雑で、証拠が多数あり、争いがある事件」ゆえに、「これらを整理しなければ公判が滞《とどこお》る可能性のある事件」であると主張する必要がある。

２０１４年１月14日、亀石は「公判前整理手続に付する決定を求める申立て」と題する書類を裁判所に提出した。

「弁護人は本件公判で、捜査段階で違法な手続きが行われたことを主張する予定である。そこで本件を公判前整理手続に付し、手続きを通じて、検察官から必要な証拠開示を受け、被告人の主張を検討し、争点と証拠を整理することが、被告人の防御のために必要不可欠である。また、充実した公判の審理を継続的、計画的かつ迅速に行うためにも必要である」

この理由を書くにあたって亀石は悩んだ。ＧＰＳ捜査について争う姿勢を、検察側にはまだ知られたくなかったからだ。現時点で明らかにしてしまうと、ＧＰＳ捜査に関する証拠を隠されてしまうかもしれない。「捜査段階で違法な手続きが行われたことを主張する予定である」という曖昧な理由にしたのは、そのためだった。

この点を、裁判官に尋ねられた亀石は、こう答えるにとどめた。

「違法捜査の内容は、現時点では明らかにできません。証拠を見たうえで主張します」

裁判官の中には、時間と手間のかかる整理手続に付すのを嫌がり、「任意開示」で済ませようとする人もいる。任意開示とは、請求証拠以外の証拠を「検察官の任意で」開示するよう求める手続きだ。整理手続に付されれば、証拠開示請求は法律で定められた手続きになる。だが、任意開示はあくまでも検察官の任意になるため、弁護人にとって必要な証拠が開示されないおそれがある。だからこそ、どうしても整理手続に付さなければならなかった。

およそ1ヵ月後の2月19日、整理手続に付されることが決定した。曖昧な理由にしたにもかかわらず、よく決定してくれたものだと亀石はとりあえず安堵した。

前哨戦

刑事裁判では、「証拠調べ請求」と「証拠採否決定」が行われる。

検察官は、公訴事実を立証するために必要な証拠の取り調べを請求する。弁護側も、無罪を求める場合は、公訴事実を合理的な疑いを挟む余地なく証明できていないと裁判官に判断させるために、証拠の取り調べを請求する場合が多い。これを「証拠調べ請求」という。裁判所は、相手方当事者の意見を聞いた上で、証拠の採否を決定する。これが「証拠採否決定」である。

このとき、検察官が請求する証拠には「甲号証《こうごうしょう》」と「乙号証《おつごうしょう》」がある。乙号証は、被告人の供述調書や被告人の戸籍、前科前歴などが書かれた書類である。その他事件に関わるすべての証拠、たとえば捜査報告書などは甲号証と呼ばれている。

２０１３年12月４日に黒田が逮捕され、12月６日に勾留された事件（２０１３年８月、大阪府Ｃ市に駐車中の自動車から、ナンバープレート２枚を盗んだ疑い）は、12月24日に起訴された。起訴された日から３週間後の２０１４年１月14日、亀石の手元に検察官が証拠として請求した甲号証、乙号証が届いた。

すべての証拠に目を通した亀石は、甲四号証に目をとめた。甲四号証は、２０１３年８月６日午後10時から８月７日午前11時まで、じつに13時間にわたって窃盗団を追尾、行動確認したときの記録だった。よく読むと、追尾の様子に不自然な点が多かった。この段階で亀石は、警察がＧＰＳを使用したことを確信した。

（これを手がかりにすれば、絶対にＧＰＳ捜査の証拠が出てくるはずだ）

亀石は甲四号証をさらに精読し、窃盗団の車にＧＰＳ端末をつけた前提で警察がどのような捜査を行ったのか推測してみた。なぜ窃盗団がショッピングモール近くのコインパーキングにいることがわかったのか。なぜ窃盗団が盗みに入った簡易郵便局のそばにいたのか。ＧＰＳで位置情報を把握していなければ、13時間にもわたって一度も見失うことなく追尾し続けるのは難しい。このとき捜査に関連して作成されたであろう捜査記録などを「類型《るいけい》証拠開示請求書」に書き込んだ。

検察官が証拠の請求を行う。その証拠（検察官請求証拠）が開示された時点で、弁護側がそれらの証拠の証明力を判断するために必要な一定の類型（検証調書や鑑定書、供述録取書《ろくしゅしょ》など）に該当する証拠の開示を求める書面――それが類型証拠開示請求書である。亀石は、2月18日付で検察官に送ったこの書面によって、GPSという言葉が記載された捜査資料が出てこないか期待した。

検察官からの「回答書」が送られてきたのは、それから約2週間後の3月3日。だが、検察は「類型証拠に該当しない」「開示を求める証拠を識別できる程度に特定されていない」などと理由をつけ、多くの証拠の開示を拒絶した。かろうじて開示された証拠にも、GPSの文字はまったく書かれていなかった。

（どうして何も出てこないんだろう？　意図的に隠されているんだろうか？）

甲四号証を読む限り、見込み違いとは思えなかった。

（GPSをつけずに、あれほど完璧に尾行できるわけがない）

亀石は、経験豊富な高山弁護士に相談する。すると、高山から一つのアドバイスが出た。

「開示を求める証拠の範囲を特定しすぎじゃない？　もっと広げてみたら？」

さらに2週間後の3月17日、亀石はもう一度類型証拠開示請求書を提出した。高山のアドバイスにしたがい、できるだけ広くカバーする書き方に変えた（以下は抜粋）。
3・××駐車場について作成された実況見分調書、写真撮影報告書のすべて
5・平成25年8月6日午後10時から翌7日11時までの行動確認捜査において、捜査員らがハンディビデオカメラで撮影した①映像を記録した媒体、②その解析結果、設置場所、その他ハンディビデオカメラに関して作成された報告書等のすべて
6・平成25年8月6日午後10時から翌7日11時までの行確捜査について①その状況に関する供述を含む供述録取書等、捜査報告書等、②捜査機関が作成した写真報告書、捜査報告書
9・捜査機関が犯行使用車両を発見した事実に関する供述を含む供述録取書等捜査報告書
10・関係者、共犯者の供述録取書等及びその供述に関する再現見分調書、実況見分調書のすべて
11・被告人の供述録取書等（署名捺印のないものを含む）、取調状況報告書等のすべて
3月31日、検察官から回答書が送られてきた。前回に比べて、証拠そのものは数多く

開示された。しかし、やはりどの証拠にも「GPS」の文字はない。しかも、すべての証拠が開示されたかどうかもわからない。当時は証拠の一覧表は交付されなかったため、確認のしようがなかった。

亀石は苛立《いらだ》っていた。4月1日には「ご連絡」と題する書面を検察官宛に送り「証拠の開示が不十分であり、このままでは弁護人の『予定主張記載書面』を出せない」と主張した。少なくとも3月17日付類型証拠開示請求書の5と9の開示を主張したものの、4月16日付の回答書でも、取ってつけたような追加の証拠しか開示されなかった。

たしかに、二度にわたる類型証拠開示請求で、かなりの証拠は開示された。ところが、肝心のGPSに関する手がかりはまったく得られていない。こちらの手の内を明かしたくなかったからこそ、類型証拠開示請求で証拠を出させようとした。しかし、ここまでやって出ないのであれば、こちらの主張に関連する証拠をピンポイントで開示請求する方針に切り替えるしかない——亀石はそう考えた。

裁判の流れでは、このあたりで「予定主張記載書面」を提出する時期だった。弁護人が公判で予定している主張の内容を明らかにする書面だ。予定主張記載書面を出すことで「主張関連証拠開示請求」が出せるようになる。弁護人の予定主張に関連する証拠は、検察官の都合で出さずに済ますことはできない。捜査機関にＧＰＳ捜査に関する資料があるのであれば、必ず出てくるはずだった。だが、この段階で手の内を明かしてしまっていいのか、ここで再び亀石は悩んだ。

こうした瀬戸際に立たされたとき、亀石は――結果はどうあれ、一か八かやってみるタイプだった。

結婚18年目となる夫にプロポーズしたときもそうだった。

大学卒業後に勤務した大手通信会社では、入社3年目に、2泊3日で全国に散らばる同期が東京に集まって行う「3年目研修」を行っていた。札幌から参加した亀石は、そこである男性に出会った。大阪勤務のラガーマンの大男。底抜けに明るく、懐が深く、メンタルも強い。亀石は、その人柄に引き込まれた。見た目にひと目惚れしたわけではない。ただ「この人と家族になったら、一生笑って過ごせるんじゃないか」と思ったのだ。

時間はわずか3日。告白するには唐突すぎる。それでも、諦めるのではなく言うだけ言ってみようと思った。ダメならダメで、また前を向いて生きていこうと腹をくくった。

「すみません、結婚してくれませんか？」

唐突すぎる亀石の告白に、夫は即答する。

「無理」

当たり前と言えば当たり前の話だった。だが、亀石はこのぐらいで落ち込むタイプではなかった。むしろ、そういう反応をする〝私の未来の夫〟は、まともな人だと思った。いったん札幌と大阪に戻ったが、亀石は何度もメールを送りつけ、ついには大阪に押しかける。お好み焼きを食べながら説得を続け、出会ってから半年後、粘りに粘って結婚にこぎつけた。亀石は、追い込まれたときに諦めるメンタルの持ち主ではない。

一枚のファックス

亀石は、予定主張記載書面を出す決断を下した。これまでは「違法捜査を争う」としか主張してこなかったが、GPS捜査に言及する。証拠は何一つない。まさに一か八かの賭けだった。改めて黒田に接見し、GPS端末を発見したときの状況に関して詳しい話を聞いた。予定主張を詳しく書くことで、こちらが何らかの証拠を握っていると思わせようとしたのである。

予定主張記載書面——内容の骨子は次のとおりである。

第1　対象車両にGPS端末を取りつけて追跡する捜査の違法性

■捜査機関は、少なくとも黒田の車両、中野のバイク、犯行に使用したレガシィにGPSを取りつけ、位置情報を取りながら行動確認した

■被告人の承諾がないままGPS端末が取りつけられれば、被告人は24時間行動を監視される。これは被告人のプライバシー権の重大な侵害。令状の取得なく行われたとすれば重大な違法である

第2　長期間にわたる泳がせ捜査の違法性

■捜査機関は、被告人が逮捕されるまで、少なくとも1年間にわたって泳がせ捜査を行い、その間に被告人らが犯行を重ねる結果となった

第3　違法収集証拠排除

■こうした違法な手続きによって得られた証拠は、証拠能力がないから排除すべきである

弁護人が予定主張記載書面を提出すれば、検察官は必ず応答しなければならない。検察官が、弁護人の主張に対して「嘘を言うわけにはいかない」という真摯な気持ちになってくれますように——亀石はそう祈りながら書面を書いた。

予定主張記載書面を提出してからというもの、亀石は落ち着かなかった。

(どうなるんだろう?)

(何て言ってくるかな)

(もし「GPSはつけていない」と返事してきたらどうしよう)

(それが嘘だとしても、どうやってその嘘を明らかにできる?)

まだ起こってもいない仮定の事実をあれこれ想像する日々が続いた。

その日、亀石は大阪パブリックの事務所にいた。

同事務所に所属する弁護士のデスクは、前方がパーテーションで仕切られ、左右には書類を保管する棚がしつらえられている。刑事弁護人が扱う事件の記録や資料は膨大な量にのぼるため、デスクの前、左右にはそれらが堆《うずたか》く積まれている。

亀石のデスクは比較的スッキリとしていた。片隅には、クマのぬいぐるみを置いていた。法科大学院時代に買って、受験勉強中もずっとそばに置いておいた思い出の品だ。15㎝四方の小さなピンク色の鏡も置いてあった。刑事弁護をしていると、なにかと理不尽な出来事に憤《いきどお》る機会が多い。電話を切ったあとに悪態をつくケースも少なくない。そんな経験を重ねていくと、自然と顔つきが怖くなっていく。亀石は自分を戒《いまし》めるため、今、自分はどういう顔をして仕事をしているのか、意識的に確認するようにしていた。あまりにも怖い顔をしているときには、気持ちを切り替えるために席を離れた。

２０１４年５月23日午後３時すぎ——亀石がデスクで仕事をしていると、事務所のスタッフが手にペラ一枚の紙を持って近づいてきた。

「亀石先生、ファックスでーす」

渡されたのは、Ａ４一枚の紙だった。亀石は、ファックス特有の、少しつぶれてかすれた文字を追った。タイトルには「証明予定事実記載書」と書かれている。宛先には「大阪地方裁判所第七刑事部」の文字、差出人のところには、大阪地方検察庁の担当検察官の氏名が書かれていた。亀石は、タイトルに続いて書かれた文字に目をやった。

衝撃だった。

そこには、大阪府警が捜査の一環として、黒田の車、中野のバイク、犯行に使われたレガシィに「ＧＰＳ発信器を取りつけた」とはっきり書かれている。

（やった！）

あれだけ証拠が出てこなかったのに、ＧＰＳ端末を取りつけた事実を認めたのだ。

（ようやく違法捜査の議論を、土俵に上げられる）

高揚と安堵がない交ぜになった複雑な気分だった。しかし、すぐに別の感情が浮かんだ。


（これはすごいことになる……）


前述のとおり、福岡地裁の覚せい剤取締法違反の事件では、ＧＰＳ捜査によって直接得られた証拠が裁判の証拠として請求されなかった。そのため、ＧＰＳ捜査の適法性についての判断は回避されている。となると、自分が扱うこの事件が、ＧＰＳ捜査の適法性を判断する日本で最初のケースになるはずだ。

亀石は気持ちの昂《たか》ぶりを抑えられなかった。

興奮状態のまま、何度も何度も書面を読み返した。ふと、ある一文が気になった。

「ＧＰＳ発信器を取りつけた捜査は任意処分であり、適法である」

検察はたしかにＧＰＳ発信器を取りつけた事実は認めた。だが、ＧＰＳを装着したのは令状の必要ない「任意処分」であるから、違法性はまったくないと開き直っていたのだ。

（やっぱりそう来たか）

亀石は、身の引き締まる思いでファックスを見つめた。

（簡単な戦いじゃないな……）

戦いの第二ステージが始まった。

第三章

結成

大阪地方裁判所で公判前整理手続が開かれたのは、検察がGPS端末の装着を認めてから4日後のことだった。その席でも、亀石の心は依然として波立っていた。それでも彼女がその思いを表情に出すことはない。裁判官も検察官も、それまでと何一つ変わらない態度だった。すでに、場外での駆け引きが始まっていたのだ。

もしかしたら、大阪府警内部では大騒ぎになっていたかもしれない。

検察官からGPS端末の装着があったのかを問い質《ただ》された上、弁護人がその点を問題にして争う姿勢を見せている。その時点で、GPSの使用が明るみに出るのが確実になった。だが、たとえ大騒ぎになっていたとしても、大阪府警内部の思惑や動きは、外部からうかがい知ることはできない。淡々と、ただ淡々と公判前整理手続が進んでいく。

検察官は、GPS捜査についての対応をこう申し入れてきた。

「今後出てくる追起訴事件にも関わるので、追起訴がすべて終了してから、検察側の主張を行う」

今後予定される追起訴（すでに起訴された被告人の別の事件を、検察官が同じ裁判所に追加で起訴し併合審理を求めること）事件のうち、どの事件でGPS捜査が行われ、どの事件で行われていないかを把握した上で検察は主張を表明するというわけだ。弁護側がそれに反対する理由はなかった。亀石としては引き続き「主張関連証拠開示請求」

「類型証拠開示請求」を武器に、GPS捜査に関する証拠を入手し、警察の違法捜査の実態を明らかにする作業に専念する以外にない。

この公判前整理手続の段階では、まだ裁判官が一人で対応していた。一般的に、通常の窃盗事件は一人の裁判官が担当する。しかし、裁判所が重大だと判断した事件については、裁判長を頂点に、右陪席、左陪席という三人の合議体で審理を行う。いわゆる裁定合議である。どの段階で合議体になるかが、裁判所が本気になる目安だと亀石は考えていた。

チームで闘う

この事件について、誰かに話したい――亀石は、痛切にそう思った。

まだ誰にも言っていない、いや、誰にも言えなかったというほうが正しかった。自分が手にしたファックスには、あまりにもすごいことが書かれている。ただ、それをすごいものにするかどうかは、自分の手腕にかかっている。亀石は、その自信が持てなかった。

(私一人では、到底手に負えない。チームでやるべき事件だな)

弱気になったわけではない。明確な根拠があった。

亀石には、それまで積み重ねてきた弁護経験から、この裁判がどのように進んでいくか、ある程度は想定できた。令状のないGPS捜査の適法性は刑事訴訟法上の新しい論点である。だから学者の意見を聞き、意見書を書いてもらい、それを踏まえた主張を構築する必要がある。現時点ではまだ十分とは言えない、GPS捜査の実態に関する証拠も集めなければならない。GPS捜査以外にもいくつかの重要な論点があるため、それらを分担して詰めていかなければならない。そう考えると、どうしても五人から六人の弁護団を組織する必要があった。

弁護団にするのは、それほど迷いはなかった。問題は、誰と組むかだ。

亀石は、過去に自分が参加した弁護団のあり方にしばしば疑問を感じていた。たとえば、男尊女卑のムードがあり、自分が信頼されていなかった。会議が長く、3時間かかることもザラだった。あるいは人数が多すぎる。一〇人を超える弁護士が加入していたが、実働しているコアなメンバーはその半分ほどだった。弁護団内部に温度差があり、会議中に寝ている人がいた。事件に対する熱意がない人間に仕事を任せると、アウトプットの質が低くなり、かえって無駄な作業が増えていく。

自分が弁護団のリーダーになったときは、こんな雰囲気にはしたくない。自分で一緒に働きたいメンバーを集め、みんなでワイワイやりながら取り組みたい――そう考えた。ベテランの刑事弁護人がチームに不可欠だとは思わなかった。ベテランに気をつかい、言いたいことを言えない雰囲気になるのは避けたかった。選択肢は少ないが、これまで組んだことのない新しいメンバーで弁護団を組みたいという思いがあった。

だが、答えを出せないまま時間だけが過ぎた。

検察官が警察のGPS装着を認めた「証明予定事実記載書」がファックスで送られてきた5月23日、司法修習生時代の同期である小野俊介からたまたまメールが入った。

亀石の9歳年下の小野は、奈良・東大寺学園から京都大学法学部に現役合格を果たした秀才だった。だが、それをピークに、大学に入ってしばらくは、あまり勉強らしい勉強をしなかった。弁護士を志したのも強い思いがあったわけではない。地頭はピカ一だが、のらりくらりと交わす性格によって、表面上は、何事に対しても真剣に取り組んでいるようには見られないところがあった。だが、時おり見せる鋭い突っ込みとバランスを意識した目線が持ち味で、どことなく独特の存在感があった。

《夏も近づいてきたので、久しぶりに飲み会しませんか？　6月の1週目か2週目あたりでいかがでしょうか？》

亀石は、司法修習生時代の同期三人と、2、3ヵ月に一度の割合で勉強会を開いている。かれこれ4年半ほどになる。亀石は刑事弁護人として活動していたが、他の三人は民事事件を中心としていた。それぞれが手がける事案を報告し合うことで、弁護士としての知見を広げるのが狙いだった。時間はおよそ2時間。会場は大阪パブリックの会議室だった。大阪パブリックは1階が会議室、2階が事務所という珍しいつくりになっている。2時間ほどの勉強会のあとには、たいてい焼肉屋へ行った。「魚介類に飽きた」という北海道出身の亀石が――単に肉が好きだからだ。

《いいね。私もメールしようと思ってたんだ》

亀石が小野のメールに返信する。ほかのメンバーにも、同報メールを送った。その後のやり取りで、勉強会は6月5日と決まった。

《じゃあ、5日に決定ね。パブリックの1階会議室を予約したよ。18時から始めて、そのあと飲みに行こう！》

同じく司法修習生時代の仲間の一人である小林賢介は、亀石が参加した別の弁護団にも加わったことがある。小林こと通称コバケンは、京都大学文学部を卒業後、修士課程に進み、ヨーロッパの中世史を研究した。一浪し、修士課程で3年を過ごしたので、修了時には26歳になっていた。博士課程に進むかどうかで悩んでいたとき、35歳を過ぎても就職できない先輩の姿が目に入った。自分には、とても無理だと思った。だが公務員も会社員も本意ではなかった、自分でしか出来ない仕事をしたいと思った。

資格を取れば「自分しか出来ない仕事」ができるかもしれない。どんな資格にしようか調べるうち、弁護士という職業に興味を惹かれた。大学院に進んだ研究者肌ゆえか、目の前の問題にとことん向き合うタイプでもある。亀石の2歳下だが、なぜか年長者役として信頼を得ている。

《コバケン、5日は一緒にあの事件の報告をしよう》

《了解。わかりました！》

飲み会

6月5日の勉強会は中止となった。小野と小林がいずれも仕事の都合で欠席、亀石のほかに勉強会の残りのメンバーである舘康祐《たちこうすけ》しか出席できなくなったからだ。

亀石の7歳下の舘も司法修習生時代の仲間の一人で小林と同様、大学では文学を専攻した。上智大学文学部国文学科に入学したものの、もともとそこまで文学に興味がなかったこともあり、他学部の授業を履修しながら興味ある分野を探していた。

法律分野を本格的に専攻しようと思ったのは大学3年時。一念発起して神戸大学法学部に編入、法曹界への転身を決意する。当初は裁判官を志したが、司法修習生時代に弁護士の仕事に面白みを見出し、弁護士への道を選択した。性格は自他ともに認める生真面目さが売りで、コツコツと努力を続けるのが苦にならない。そのため、地味な仕事を任されることが多いが、その出来栄えは一級品だ。

勉強会は中止になったが、焼肉つき飲み会は予定通り実行した。亀石、舘、仕事を終えた小野と、勉強会には参加していないが、司法修習生時代の仲間の一人である西村啓《あきら》が参加した。

舘と同い年の西村は、中学から大学まで同志社で学んだ。何も考えずに大学まで内部進学し、そして何も考えずに法学を選んだ。司法試験を目指す連中は、大学在学中から予備校に通っていたが、西村はそんなことは考えもせず、世間で言うところの「大学生らしい大学生」として遊びにアルバイトに明け暮れた。

三回生になると、周囲が就職活動を始め、それから焦りが生まれた。実家が不動産業を営んでいることから、四回生のときに司法書士の資格を取得する。そのまま司法書士として働こうとも考えたが、自分には合わないと思った。きっちりとした人が、きっちりとした書類を整え、きっちりと確認し、ミスのないように仕事をする。それが司法書士の世界だったからだ。

弁護士を志したのは偶然だった。司法書士として登録する前の新人研修中に西村は模擬裁判を行い、先輩の司法書士から弁護士を勧められた——ただそれだけだった。法科大学院に入り、本格的に弁護士になろうと決めた。西村も小野と同じ天才肌だが、理論に裏打ちされたひらめきが真骨頂だ。気が強く負けず嫌いで無愛想。人と関わらないタイプだが、本当に気の合う仲間に対しては心を開く。それが亀石をはじめとする司法修習生時代の仲間たちだった。

四人が向かったのは、亀石が気に入っていた「肉問屋」という名の店だった。裁判所と、周辺に密集する法律事務所がある西天満《にしてんま》地区。その一角に建つ飲食店やマッサージ店が入るビルの1階にその店はあった。

四人掛けのテーブルに通された一行は、ひと通り好みのメニューを注文した。ビールが飲めない亀石は酎ハイ、ほかの三人は生ビールを頼んだ。亀石の好きなロース、西村の好きなタンはもちろん、内臓系の肉にも箸を伸ばした。四人は肉を焼き、司法修習生時代のエピソードを肴に酒を飲みながら会話に興じた。

内輪で集まったときに必ず行われるのは、生真面目な舘を「イジる」会話である。

「舘くんってさ、運動神経がえげつなく悪かったやんな」

西村が口火を切る。

「球技とか、マジでダメだよね」

亀石が受ける。

「でもさぁ、亀石さん実際に見てないでしょ？」

舘が抵抗を試みる。

「え？　見たよ。万博公園にみんなでバーベキューしに行ったとき、みんなでサッカーやってたの見たけど、ひどかったよ」

よせばいいのに、舘は自ら墓穴を掘っていく。

「そう？　でもそう言えば、和光時代にバスケやらされたじゃん」

和光とは、2ヵ月ごとの検察修習、民事裁判修習、刑事裁判修習、弁護修習をひと通り終えたあと、埼玉県和光市にある司法研修所で行われる集合研修を指す。この研修後に「二回試験」と呼ばれる司法修習生考試が続けて行われ、これに合格しないと法曹界へは進めない。

「やらされた？　そうでしたっけ？　舘さん、積極的にやってたと思いますよ」

小野がちゃちゃを入れる。

「違う、違う、違うの。俺は『下手だから行かない』って言ったの。それなのに、みんながさ、『みんな下手だから大丈夫だよ』って言うから行ったのに、下手の程度が違うんだもん（笑）」

「いや、それはこっちのセリフやで」

舘の必死の釈明を西村が交ぜっ返す。目の前の肉を頬張ってから小野が口を開く。

「バスケしてたら、舘さんが急に『みんな、声出していこうよ』と言い出したんですよ」

亀石が乗っかる。

「すごい下手なのに」

舘は苦笑しながらも、真面目に分析を加える。

「下手な人って、一生懸命やってカバーしようとするんだけど、空回りするんだよね」

「どうでもいいわ！」

みんなでやろうよ

肉問屋での時間も、終盤に差しかかった。亀石は、それまでの「悪ノリ」の空気を一変させるように話題を変えた。思いきって、ＧＰＳ事件のことを話してみようと思ったのだ。

「実はさ……警察が被疑者の車にＧＰＳをつけて、位置を確認してたって事件があってさ」

５月23日以降、亀石は誰かにその話をしてリアクションを見たことがなかった。肉問屋で仲間と話をしているうち、この連中に事件のことを話したらどんな反応をするか、ふと聞いてみたくなった。この段階では彼らを弁護団に誘おうと考えていたわけではない。

でも、すぐには言えなかった。自分の中でこの事件が大きすぎて、彼らの反応が悪かったらショックを受けるのは目に見えていた。

「たいへんそうっすね。まぁ、頑張ってください」

そういうテンションの低い反応もあると思っていた。どんな反応が返ってくるかわからなかったので、肉を食べて馬鹿話をしながら機が熟すのを待っていたのである。

「調べてみたら、2012年にアメリカで違憲判決が出てるんだよね。日本では、福岡地裁で弁護人が『GPSが取りつけられてた』って主張したんだけど、結局判決では判断されなかった。私も証拠開示請求を何度もやったけど、何も出てこなかった。で、もう賭けだと思って、一か八かで言ってみたの。そしたらこの前、GPSをつけたって認めたんだよね」

亀石は、事件の経緯と現状を詳しく説明した。仲間で集まると「ふざけた」話しかしなかった連中が、いつのまにか真剣な顔つきで亀石の話を聞いていた。

「……面白い論点だね」

三人とも同調した。

「ＧＰＳ捜査に関する日本の論文を集めてみたら、数は少ないけど、任意処分説が半分、強制処分説が半分って感じ。どう思う？」

そこから、議論が白熱していく。

「でも、令状とらないとダメっぽいよね」

「強制処分は『個人の重要な権利・利益の侵害』が条件だよね。そのとき侵害される利益（被侵害利益）って、やっぱりプライバシーかな」

「判例では、重大な被侵害利益があれば強制処分になるけど、ＧＰＳをつけたからって、そこまでのプライバシー侵害があるって言えるかなあ」

亀石も含め、その場にいる四人は実地の知識も少なく、経験も豊富ではない。だから、法学部や法科大学院で習った知識を思い出しながら話した。

「でもさ、いつ、どこに行ったかって行動をずっとＧＰＳで把握されたら嫌じゃない？」

「そりゃあ嫌ですよ！」

「これってさあ……何と似てるかなあ」

誰かが「犯罪捜査のための通信傍受に関する法律」、通称「通信傍受法」を挙げた。

殺人、放火、誘拐、爆発物使用、薬物・銃器の取引など、組織的な犯罪に限定して、捜査機関による通信の傍受を認めた法律だ。これは強制処分と位置づけられ、通信傍受令状がなければ実行できない。

「通信傍受が強制処分なら、GPSも強制処分なんじゃないの？」

「でもさ、あれって通信の秘密でしょ？　通信の秘密は憲法21条で保障されてる。それが侵害されているから、重要な権利・利益の侵害と考えられて強制処分と言える。だけど、GPSでプライバシーとか憲法上の権利が侵害されているって考えられるのかな」

次に出てきたのは、京都府学連事件だった。1962年、京都府学生自治会連合（京都府学連）のデモ隊が、許可されたデモの条件を破ったことから、巡査がデモ隊の先頭集団を写真撮影した。それを見とがめた被告人が巡査の顎を旗竿で突き、全治1週間の怪我を負わせた事件である。

被告人は、巡査が被写体の許可なく写真撮影を行ったのは違法捜査に当たるから、これに抵抗した行為は公務執行妨害にはならないとして、無罪を主張した。一審、控訴審とも有罪だったため、被告人は上告。巡査の写真撮影は肖像権を侵害し、令状を取得していないため令状主義違反であると主張した。だが最高裁は、写真撮影に違法性はないと判断、上告を棄却している。

「じゃあさ、GPSをつけられることによって侵害される、いつ、どこにいたかという情報と、京都府学連事件とはどう違うの？」

「京都府学連事件は、ある場所におけるある一点だけの肖像権の問題だけど、ＧＰＳだとずうっと行動がわかるんだよね。それってやっぱりプライバシー侵害なんじゃない？」

「でもさ、一般の人に犯罪者のプライバシーを守れといっても、なかなか通用しないよね」

「たしかに」

「でも、強制処分ってそういうことじゃない？　だって、逮捕だって強制処分だし、捜索だって強制処分でしょ？　もともと容疑者として疑われている人の権利・利益を守るためにあるわけだから」

四人で、パズルのピースを当てはめているような感覚だった。亀石が言う。

「そうそう。ＧＰＳ捜査、絶対やるなってことじゃないんだよね。きちんと令状とってやってよっていう話」

彼らは、問題が難しければ難しいほど面白いと思い、張り切る連中だった。新しい論点の議論をしているときに「こういう考え方は無理だよ」「こういう判例があるからダメじゃないの？」というネガティブな意見を出すことはない。むしろ、主張を構成するための情報を、頭の中から取り出してくる。とくに西村は、新しい論点という部分に興味を持った。

「福岡地裁には判断されなかったけど、この事件ではGPS捜査で得た証拠が請求されているから、絶対に判断されることになる。日本で初めて判断されるんだよ」

「それはすごいかも。で、無罪取れるの？」

熱のこもった議論を続けたあとは、再びいつもの会話に戻った。口火を切ったのは小野だ。

「アキラさん（西村）は、たしかこの前無罪を取りましたよね。亀石さんと小林さんも無罪を取ってますよね。あれ？　舘さんって無罪取ってましたっけ？」

弁護人にとって、無罪を勝ち取るのは勲章である。そもそも無罪を争う事件が少ない。たとえ無罪を主張したとしても認められるケースは非常に少ない。日本は刑事裁判の有罪率が常時99％を超えるとされている国である。

「いやいや、俺も一部無罪を取ったことあるよ」

舘のその言葉を待っていたかのように、小野がふわりと口にした。

「勝てるかどうかわからないけど、このGPS事件、みんなでやりません？　違法捜査だって認めさせて、舘さんに花を持たせるってのはどうですか？」

そう言う小野も、実は無罪を取ったことがなかった。

「いや、だから、俺、一部無罪あるって言ってるじゃん。でも、この事件をみんなでやったら面白いかもね」

「アキラさんは、できるの？」

西村は、事務所で扱う事案以外の仕事をやりにくい環境にいた。しかも、事案の数が多く多忙を極めていた。

「いいっすよ、やっても。てか、面白そうですね。無罪いけるんちゃいます？」

会話の流れは、この仲間で弁護団を結成する方向へ向かった。仲間のみんなで舘に花を持たせてあげよう。弁護団の名称は「ＴＴＷ（タチ・トゥルー・ウィン）」と命名された。

弁護団結成

彼らに言ってよかった――亀石は心からそう思った。
弁護士は依頼、相談を受けると、それが「勝ち筋かどうか」を考える。そのうえで勝つためにはどうしたらいいかという戦略を練る。令状のないＧＰＳ捜査は、強制処分か任意処分かという点で学説が真っ二つに割れている。裁判で主張し、戦っていくことにポジティブになれるかどうかは、人によって違う。よくわからない未知の事件はやりたがらない弁護士もいる。「面白そうだね。だけど俺は遠慮しておくわ」といった反応も予測できた。だが、彼らは亀石の話を真正面から受け止めた。

亀石は、この人たちと一緒にやりたいと真剣に思い始めた。刑事弁護一筋の弁護士であれば、自分なりの知識や過去の経験、刑事弁護の「常識」から、違法捜査を争うことのリスクを考え、裁判で主張するのに消極的になるかもしれない。彼らが亀石の話に素直に興味を持ったのは、ある意味、刑事弁護に精通していなかったからだとも言える。おまけに彼らは、知的好奇心を刺激されればされるほど燃えるタイプだった。

唯一の難点は、あまり報酬が期待できない刑事事件に仲間を巻き込む後ろめたさだった。亀石以外の、小林を含む四人が所属するのは、主に民事事件を扱う事務所だ。事件に興味を持ってくれても、彼らが弁護団として活動できるかどうかは、まったく別の問題だった。

「今日は返事しなくていいよ。ちょっと考えてみてくれる?」

亀石は、盛り上がった空気をいったん冷まそうとした。酒も入っていたし、気分が高揚して、単なるノリで言っているかもしれない。冷静になってもう一度じっくりと考えてほしいと伝えた。

その日の締めの料理は、店の名物メニュー「炙《あぶ》りスキしゃぶ」にした。薄切りの特大上ロースを片面10秒ずつ炙り、といた卵につけてすき焼き風にして食べる。亀石は、卵にひたした上ロース肉をほおばりながら、スッキリとしていた。自分の中に抱え込んでいたモヤモヤを吐き出し、仲間の賛同も得られて胸のつかえが取れたような気分だった。


焼肉屋での告白から4日後の6月9日、亀石は、成城大学法学部の指宿信《いぶすきまこと》教授に連絡を取ることにした。

黒田と初めて接見した後、亀石はGPS捜査の法的性質に関する刑事訴訟法学者の論文を探し、すべて手に入れて読んでいた。中でも亀石がもっとも注目したのが、2006年7月の法律雑誌に掲載されていた指宿の論文、「GPSと犯罪捜査――追尾監視のためのハイテク機器の利用」である。

指宿は、科学技術の発展によるプライバシー侵害の可能性を研究テーマとし、米国で研究生活を送ったこともあって、日本の刑事訴訟法学者としてはもっとも早く、GPS捜査の法的性質に関する論文を発表していた。その内容は、米国や欧州での同種の問題に対する判断の動向や、米国の学界の理論状況なども踏まえた、きわめて詳細なものであり、ＧＰＳ捜査は強制処分であるとの結論においても亀石の考えと一致していた。

黒田の事件は、ＧＰＳ捜査の法的性質について、日本で初めて判断されることになるかもしれない。亀石は、刑事訴訟法学者の意見書が不可欠であり、それを依頼するのは指宿以外にはいないと考えた。だが、亀石は指宿と面識がなく、メールアドレスも知らない。そもそも連絡がついたところで、若手の弁護士からの依頼に著名な学者が応じてくれるだろうか。

ウェブサイトで指宿のフェイスブックがあることを知った亀石は、逡巡と熟慮を重ねたうえで、大胆にも直接ダイレクトメッセージを送ってみることにした。悩むよりも当たって砕けろの心意気である。

メッセージでは、自己紹介と非礼を詫びつつ、自分が弁護を担当する事件の概要を伝えたうえで、本題に入った。

〈……ＧＰＳ端末を利用した捜査の違法性について、アメリカの判例や国内の文献を調査していた際、指宿先生の論文を拝読し、先生がこのような捜査手法について、任意捜査の限界を超えており令状が必要な処分であると考えておられることを知りました。そこで、ぜひ指宿先生に小職が担当しております事件についてご相談をさせていただき、もし可能でしたら、本件の捜査手法の違法性について意見書の作成をお願いしたいと考え、誠に唐突ながら、このようなメッセージを送らせていただいた次第です……〉

亀石がいざ、メッセージを送信しようとすると、「￥106JPYで受信箱にメッセージを送信」という文字が表示された。「友達」の関係ではない指宿の「受信箱」にメッセージを送るには106円がかかるらしい。こんな機能は初めて知った亀石だったが106円をケチっている場合ではない。クレジットカード情報を入力し、指宿にメッセージを送った。

「どうか、よい返事が来ますように」。祈るような気持ちだった。

指宿から返事が来たのは、ぴったり1時間後だった。

〈ご依頼の趣旨は了解しました。面談ならびに意見書作成については、スケジュールに問題ない限りお引き受けできます……〉

「やった‼」。亀石は歓喜した。指宿はこの事件に関心を持っていると感じた。ならば意見書も書いてもらえそうだ。こんなに心強いことはない。すぐに返信して感謝の気持ちを伝え、指宿が勤務する成城大学へ会いに行くことにした。7月11日午後1時30分。日程も決まった。すべてがとんとん拍子に進んでいるように感じた。

翌6月10日、亀石は【TTW弁護団いくつかのお知らせ】と題したメールを、飲み会不参加の小林を含む四人に送った。

《コバケンは何のことだかわからないと思うので軽く説明しますと、先日みんなで焼肉を食べていた際、亀石が今やっている刑事事件をみんなでやろうという感じになり、「舘くんに花を持たせよう」という願いを込めてTTW《タチトウルーウイン》と命名し、弁護団結成のお願いをする次第です》

亀石は事件の概要、裁判の進捗状況、意見書を頼む学者の論文内容、弁護団がほぼボランティア活動となると書いたうえで、こう締めくくった。

《こんなボランティアみたいなものに、私の数少ない大切な友達を巻き込むのはしのびなく思いますが、取り急ぎみなさんに意思確認をお願いする次第です。で、どうします？》

最初に返事を送ってきたのは、小野だった。

《内容そのものに興味があるのと、今のところ学者に意見書を書いてもらうような刑事事件をやったことがないので、ボランティアでも参加したい気持ちはかなりあります。なので、他のみなさんの意向も踏まえて、亀石さんに一任します！》

亀石が返信を送る。

《小野ちゃん！　ありがとう。業務に差し支えない範囲でよいので、協力してもらえたら心強いです！》

続いて意思表示をしたのは、西村だった。

《放っておけないので、最終的にはボランティアになっても協力させていただきます》

西村の返信に、舘が続く。

《私も参加します！　弁護団の名前については、また議論しましょう！》

小林からも参加の返信があった。全員の参加が表明された時点で亀石が全員に送った。

《ありがとー！　そういえば、司法修習生時代も、みんなはボランティアで私の友達になってくれたんだったねー》

亀石はその日のうちに黒田に接見し、司法修習生時代の仲間四人が弁護に協力してくれると報告した。黒田は快諾し、ここにＧＰＳ弁護団が結成されたのだった。

翌月7月3日、亀石は弁護団のメーリングリストを立ち上げた。リストのアドレスに、TTWの文字が入っていたのは言うまでもない。

司法修習生時代の同期五人に加え、亀石の大阪パブリック時代の二期後輩で、福岡地裁の件で間に立った我妻路人が遅れて弁護団に参加する運びになった。刑事事件に精通する弁護士がもう一人いたほうがいいという亀石の判断だった。亀石からの誘いに、参加を即答した我妻からさっそくメールで挨拶が届いた。

《我妻です。みなさまよろしくお願いいたします》

宮城県出身の我妻は高校卒業後、思うところあって大学には進まず、東京に出て土木作業員として働き始めた。だが、2年半ほど経ったとき、大学進学への意欲がふつふつと湧いてきた。漠然と弁護士になりたいというイメージを持ったからだった。結局、獨協大学法学部、その後は明治大学法科大学院に進み、亀石らとは二期違いで弁護士になった。

弁護団メンバーにとって唯一の後輩となる我妻は、下働き的な仕事を率先して引き受けることでチームに貢献しようと考えた。大阪に戻った我妻は、ふたたび亀石のいる大阪パブリックに所属することになった。

第四章

証拠

被告人が起訴されてから公判が始まるまでの整理手続の間、刑事弁護人がやるべき仕事の柱が二つあった。

一つ目の柱は、検察官に証拠開示を求め続け（証拠開示請求）、開示された証拠を精査し、事実関係を把握することだ。もう一つの柱は、公判で主張する内容を固めた「予定主張記載書面」の作成である。もちろんこの作成にも証拠集めが密接に関わってくる。

捜査機関に対する証拠開示請求は、刑事事件特有の作業だ。警察、検察は被害者をはじめとする関係者から事情聴取を行ったり、強制処分によって捜索や差し押さえを行ったりすることで証拠を集める。検察官は、これらの証拠の中から、被告人の有罪を立証するに足る証拠のみを厳選して裁判の証拠とするため、それ以外の証拠は、そのままでは弁護側には開示されない。整理手続においては、刑事弁護人は刑事訴訟法第３１６条の15、第３１６条の20によって認められた「類型証拠開示請求」と「主張関連証拠開示請求」ができる。これは前述したとおりである。ただ、検察にどのような証拠があるかはわからない。実際に開示請求をするには、刑事弁護人は捜査の過程でどのような証拠が収集されたかを推測する必要がある。

この資質は、一朝一夕に獲得できるものではない。弁護団のなかでは、刑事弁護に慣れた亀石や我妻に一日の長がある。ほかのメンバーが担当しても効率的ではない。普段やり慣れている二人が行い、ほかのメンバーには彼らにしかできないことをやってもらうべきだと亀石は考えた。

三つの武器

検察側がＧＰＳ端末の装着を認めてから、亀石は証拠集めの作業をさらに加速した。すべて書面づくりとなるが、いくつかの「武器」を使って刑事弁護人は検察と闘う。

第一の武器はすでに述べた類型証拠開示請求だ。「証拠物」「証人の供述調書」「被告人の供述調書」など九つの証拠の類型に該当し、開示する重要性と相当性を満たす場合に、検察官は開示する義務を負う。

弁護団が２０１４年11月４日付で提出した類型証拠開示請求書によって、各事件の捜査報告書が出てきた。しかし、そこにはＧＰＳ端末を使用したとの記載は一切なかった。

なぜ、「ＧＰＳ」の文字が書かれた文書が出てこないのか――その直接の要因となる書類が、この類型証拠開示請求で見つかった。「移動追跡装置運用要領の制定について」と題された、警察庁の内部資料である。平成18（２００６）年６月30日付で通達されたこの文書は、平成23（２０１１）年12月19日に保存期間が５年間延長されている。大阪府警が黒田ら窃盗団にＧＰＳ捜査を行ったころは、まだこの通達の効力が生きていた。

この通達には、ＧＰＳ捜査の目的と定義、ＧＰＳ端末の使用要件・使用手続きなどが定められている。そしてその最後に、移動追跡装置を使用した捜査の状況は「保秘を徹底せよ」という指示が書かれていたのである。

（だから、なかなか証拠が出てこなかったのか……）

捜査報告書のような証拠が出てきても、ＧＰＳの「Ｇ」の字も書かれていなかったのは、この指示があったからだと亀石はこの段階で合点した。ちなみにこの文書には、留意すべき三項目のポイントも列挙されていたが、その部分は黒塗りされている。警察は何に留意してＧＰＳの使用を隠しているのか、まったくわからなかった。

刑事弁護人・第二の武器は、こちらも第2章で述べた「主張関連証拠開示請求」である。弁護側が予定主張を提出したあと、その主張を裏づけるために必要な証拠と裁判所から認められれば、検察は証拠を開示しなければならない。一度目の予定主張によって、たしかに検察はＧＰＳの使用を認める回答をファックスで送ってきた。だが、亀石が要求した証拠そのものについては相変わらずゼロ回答に近かった。

そこで亀石は、弁護団結成直後に２０１４年6月10日付で二回目の主張関連証拠開示請求を行っている。主な請求証拠は次の二点だった。

1・被告人の割り出し経過に関する捜査報告書その他これに類するものすべて
2・被告人の行動確認に関する捜査報告書その他これに類するものすべて

亀石が書面を送ってから10日後、検察官から「主張関連証拠開示請求に対する回答書2」が届いた。請求証拠2についてはこの回答書で開示されたが、請求証拠1については「おって回答する」と先延ばしされた。

これら二種類の開示請求に対する検察官の回答によっては、刑事弁護人は次なる手を打たなければならない。それが第三の武器、「求釈明《きゅうしゃくめい》」だ。

刑事訴訟規則第208条1項には「裁判長は、必要と認めるときは、訴訟関係人に対し、釈明を求め、または立証を促すことができる」と定められている。「釈明」を「求め」るために求釈明と呼ばれる。弁護人が裁判長に対し、検察官に釈明を求める＝「求釈明」するように申し出るのが「求釈明の申出」である（弁護人が検察官に対して、直接釈明を求める場合もあるが、裁判長の求釈明と異なり、刑事訴訟規則上の権利ではない）。

弁護団は、検察官に対する求釈明や、裁判長に対する求釈明の申し出を執拗に繰り返していった。2014年6月10日付で提出したはじめての求釈明書では、次の六点について釈明を求めた。

1・GPSを取りつけた黒田所有の車両のナンバー
2・GPSを取りつけた中野使用の車種とナンバー
3・掲出した車にGPSを取りつけたか
4・他にGPSを取りつけた車があるか
5・取りつけたGPS端末の所有者・製造番号・取りつけた位置、取りつけた方法など
6・取りつけたGPS端末から、どうやって位置情報を取得したのか

この求釈明で、弁護団はGPS端末を取りつけたかどうかを真正面から迫った。検察側は6月20日に「求釈明に対する回答について」と題する書面を送ってきた。1、2、6については回答したが、3、4、5については「おって回答する」とまたしても先延ばしにされた。正面切って迫っても、すんなりとGPS捜査の証拠は出てこなかった。

おまけに、この書面にはGPSの有効性を貶《おとし》めるような記述があった。「画面上に大

まかな地図しか表示されない」「誤差が数百mないし数kmに及ぶ」「GPS発信器の位置が変わっていなくても再検索すると表示上の位置が変わってしまう」――まるで、GPSで取得できる位置情報の精度は粗《あら》く、弁護側が暴こうとしていることは無意味とでも言わんばかりの内容だった。

一進一退

書面による〝静かな〟闘いは続いた。

弁護団は8月4日付で求釈明書2を提出する。捜査報告書に記載された窃盗団が使用した車のうち6台を列挙し、それらにGPS端末を取りつけた事実があるか釈明を求めた。これも正面から釈明を迫った内容だ。

9月30日付の検察側の回答で、窃盗団が使用した6台の車にGPS端末を取りつけた事実が明らかになった。加えて、前回の求釈明で「おって回答する」とした3、4、5のうち、3と4についても回答してきた。この回答で、はじめて「黒田の関係者の使用車両」にGPS端末がつけられていた事実が明かされた。関係者とは、窃盗団とは関係ない黒田の親しい知人を指している。

ところが、肝心の5だけは回答を拒絶された。「捜査上の秘密事項であり、回答することによる弊害が大きい」というのがその理由だった。回答してもそれほど不利にならない事実は明らかにする。だが、決定的な事実は先延ばしにして回避する。検察官と刑事弁護人の、息詰まるような心理戦が繰り広げられた。

弁護側にとって、捜査に使用されたGPS端末の契約番号がわからなければ、大阪府警が位置情報を取得した履歴を「23条照会」によって（GPSのサービスを警察に提供した）セコムから取得できない。23条照会とは、弁護士法第23条の2に基づき、弁護士会が企業などの団体に必要事項を調査、照会するための制度である。大阪府警がどのGPS端末を使用して、いつ、どのような頻度でどのような位置情報を取得したかについて明らかにできなければ、重大な権利・利益の侵害という理屈が構築できない。

弁護団は10月20日付で新たに「求釈明申出書」を提出する。弁護団が求釈明申出書によって回答を迫ったのは、検察側が回答を拒否している、取りつけたGPS端末の所有者、製造番号、製造者、商品名である。

求釈明申出書に基づき、裁判所が検討した結果、検察側に釈明をするよう指示がなされた。裁判所から指示がくれば、検察官は開示を拒否しにくい。弁護団側のほぼ要求通り、検察官はGPS端末の所有者、契約者、端末15台の契約番号一覧を明らかにした。

この契約番号をもとに、12月24日付で23条照会を実施し、大阪府警が取得した位置情報が初めて明らかになったのだった。

一歩前進だが、弁護団はさらに追及を続ける。年が明けた２０１５年１月９日の求釈明書では四点の釈明を求めた。そのうち、重要なのは次の三点である。

1・捜査で使用したのは15台のＧＰＳ端末とされているが、実際には19台の車に取りつけている。その対応関係を釈明せよ

2・ＧＰＳ端末を各車両に取りつけた日付、取りつけた者の氏名、取りつけた場所、取りつけた位置、取りつけた方法、取り外した日付、取り外した者の氏名などを開示せよ

3・移動追跡装置運用要領の使用要件には「被疑者の使用車両」と明記されている。しかし実際は、被疑者の知人の車に取りつけられている。それは使用要件のどれに該当するのか

２週間後の１月23日、検察官からの回答は「１、２は立証段階で可能な限り明らかにする予定である」と書かれていた。検察官はありったけの知恵を絞り、開示したくない証拠を開示せずに済ます方法を考えているようだ。だが、この点が明らかにならなければ

ば、セコムから入手した位置情報取得履歴が、どの車のものかわからず、わからなければ、捜査の実態が解明できない。弁護団は、ここで再度求釈明申出書を裁判所に送った。「立証段階ではなく、今すぐに明らかにせよ」という主張である。GPS捜査の法的性質や違法性の有無を判断するには、GPS捜査によって誰のどのような権利・利益がどの程度侵害されたのかを検討しなければならないからだ。公判の証人尋問で、弁護人は反対尋問を行う。あらかじめ事実を知っておかないと、有効な反対尋問もできなくなる。

それでも、検察はかたくなだった。2月27日付の回答書でも「求釈明事項のいずれについても、釈明の要はない」と突っぱねている。

亀石は、その日のメーリングリストにこう書いた。

《どういうことっ！　怒》

亀石の剣幕にも、小林は冷静に返信した。

《答えたくないんでしょうね。答えさせたいですね。ちょっと方法を考えてみます》

少し経ってから、ふたたび小林がメーリングリストに投稿した。

《よく考えたらこれは裁判所の求釈明でしたね。裁判所が必要であると認めて求釈明したのに、この回答なんですね。裁判所の対応を見るしかないですね》

その後開かれた整理手続の場で、検察がかたくなに釈明を拒否した理由が明らかになった。求釈明についての話題になったとき、検察官がしぶしぶ白状したのだ。

「わからないんですよ。警察が捜査資料を処分しているので、回答しようにもわからない」

(そんなわけないだろ!)

亀石は直感でそう思ったが、口には出さなかった。

書面を通じての証拠集めは限界だった。弁護団は、類型証拠開示請求を3回、主張関連証拠開示請求を5回、求釈明を3回、求釈明申し出を2回、トータル13回の請求を行った。検察から新たにもぎ取った証拠は段ボール3箱分に達したが、到底納得できるものではなかった。

毒樹の果実

弁護団は二つ目の柱――公判で主張する内容を固め、「予定主張記載書面」を作成する作業にも着手した。その下準備として、まずは亀石が入手した証拠を精査し、さまざまな文献を読み込みながら、過去の裁判例に当たった。

弁護団の結成前、亀石は予定主張記載書面を二回提出している。一回目は、あの一か八かの賭けに打って出たときのものだ。そこでは、GPS捜査、泳がせ捜査の違法性をそれぞれ問い質している。その1週間後の4月28日に提出した二回目の予定主張記載書面では、警察が捜査の際にビデオカメラ等で秘匿撮影をした行為がプライバシー権の侵害であり、違法に収集された証拠であるから、証拠能力がないものとして排除されるべきだという主張を展開している。

二度にわたる予定主張記載書面の提出によって「三つの違法」と「証拠排除」という、弁護団が最後まで主張した論点は出揃った。それぞれの主張の概要は次の通りである(厳密には、以下の①~④の論点が具体的な形となっていくのは、次項の「役割分担」以後だが、内容をわかりやすくするためにここで一度まとめておく)。

①長期間にわたる「泳がせ捜査」の違法性

窃盗団が2012年に長崎で行った犯行では、長崎県警が逮捕状まで取得していたにもかかわらず、逮捕を見送って泳がせた。そのうえ、GPSまで装着して行動を把握し、いつでも逮捕できる状態だったにもかかわらず、犯罪を積み重ねさせた。

おそらく、警察は意図的だった。窃盗団の犯行による一件当たりの平均被害額は、およそ数十万円にすぎない。この被害額で逮捕しても、たいした量刑にはならず、執行猶予がつく可能性もある。実刑にするには泳がせて犯行を重ねさせ、被害額が大きくなるのを待つ。その間に、証拠を集めるための捜査を行っていた。これが実態である。

②秘匿カメラによる、長期間にわたる継続的撮影はプライバシー侵害である

大阪府警は、窃盗団のアジトを監視する固定カメラを設置したり、マンションの８階にある共犯者の自宅の玄関ドアが正面に映るよう、向かいにカメラを設置したりした。さらに、ＧＰＳを使って窃盗団を追尾しながら、ハンディカメラで撮影を行った。

家族構成を知るという名目で、黒田の内縁の妻の自宅の洗濯物を撮影した。駐車場で共犯者が着替えている様子を撮影し、身体に入った刺青を確認した。さらに、共犯者の自宅の郵便受けの中を撮影した。少なくとも49日間にわたり、トータル４００時間以上の秘密録画を行った。

③ＧＰＳ捜査の違法性

ＧＰＳ捜査は、個人の重大な権利・利益の侵害を伴うものであるから、法的には任意処分ではなく強制処分であり、「令状」を取得しなければならない。言うまでもなく、令状とは、裁判所が捜査機関に強制処分を行うことを許可する書面である。大阪府警が令状を取得せずに行ったＧＰＳ捜査は、令状主義に違反するため違法である。

たとえ強制処分と判断されたとしても、今度は「刑事訴訟法で定められたどの令状でGPS捜査による逮捕は実施できるのか」という点が問題となる。

刑事訴訟法で定められた令状には「逮捕状」「鑑定処分許可状」「勾留状」「捜索差押令状」「検証許可状」がある。通信傍受法の「通信傍受令状」もそうだ。これらの令状を取得し、原則として事前に提示しなければ、強制処分は実施できない。

令状の発付は、捜査機関が裁判所に請求する。そのとき、令状発付の根拠となる「疎《そ》明《めい》資料」を添付しなければならない。裁判所は、疎明資料の妥当性を認めた請求にだけ令状を発付する。捜査機関はこの令状をもって、それぞれの強制処分を実施する。令状を取得しなければ実施できない強制処分は、個人の重大な権利・利益の侵害を伴うものだからこそ、慎重にやらなければならない。この仕組み、考え方を「令状主義」という。

GPS捜査は強制処分であると主張する大方の刑事訴訟法学者も、GPS捜査は「検証許可状」の取得によって可能と考えていた。検証は、場所・物・人を対象としてその形状や状態を「五官の作用」を用いて認識する処分と定義される。具体的なケースとしては、現場検証、死体検分、身体検査などがそれに当たる。ただし、「五官の作用を用いて認識する」という極めて曖昧な定義のために、実際の運用はブラックボックス化しているのが実態だ。

そもそも、検証許可状でGPS捜査が実施可能と考えるのには無理があると考えられた。GPS捜査は人の位置情報を継続的・網羅的に把握する点で、刑事訴訟法が想定する「一回限りの処分」である「検証」とは根本的に異なるものだからだ。

GPS捜査を行う場合には、「いつからいつまで取りつけるか」「収集したデータをその後どうするか」「犯罪と無関係の部分をどうするか」など、さまざまな条件を事前に設定しなければならない。しかし、GPS捜査の対象となる相手、犯罪の種類によって、この条件は一定しない。

わざわざ「通信傍受法」という新しい法律を立法し、通信傍受令状を設けたのは、個別事例ごとに細かい条件を設定しなければならなかったからだ。ケースバイケースの条件が発生する場合は、新たな法律を制定して令状発付の条件を定めなければならない。弁護団の主張は、「GPS捜査は強制処分であり、その実施も検証許可状では不可能」というものだ。ゆえに、通信傍受法を新たに立法したように、GPS捜査に関しても新たな法律を定めるのが望ましいという考えだった。

④違法収集証拠には証拠能力がない

これら①②③の三つの違法の程度はきわめて重大であり、かつ、違法捜査により取得された証拠と密接な関連性があるために、その証拠には証拠能力がない——というのが弁護団の主張だ。

刑事訴訟法第319条2項は「被告人は、公判廷における自白であると否とを問わず、その自白が自己に不利益な唯一の証拠である場合には、有罪とされない」と定めており、有罪の自認も同様に扱われている（同条3項）。有罪認定に自白以外の証拠（補強証拠）を要請するこのルールを「補強法則」という。このルールに従えば、黒田が犯行をすべて自白しているとしても、それ以外の証拠が違法収集証拠として排除されるならば、有罪とすることはできない。つまり——検察官が請求した証拠が裁判でほとんど排除されれば無罪になる可能性もある。

このような考え方は、一般に「毒樹の果実論」と呼ばれる。

違法捜査によって収集された証拠には証拠能力がないとする、刑事訴訟法上の「違法収集証拠排除法則」という法理がある。違法に収集された証拠はもちろん、その違法に収集された証拠に基づいて得られた別の証拠も、証拠能力は否定されるという法理論である。つまり、最初の違法収集証拠を「毒樹」に例えるとしたら、毒樹に実った「果実」である証拠、すなわち毒のまわった果実にも証拠能力がないというわけだ。これを証明するためには、検察官から開示された膨大な証拠を整理し、違法捜査から収集された証拠とそこから派生して得られた証拠との関連性を明らかにするために、樹形図《ツリー》のように並べて関連づける必要がある。

役割分担

弁護団は、①から③の三つの違法と④の証拠排除について重要度を確認することにした。皆で会議室に集まり、さっそく亀石が、それぞれの重要度をランクづけしていく。

「泳がせ捜査は、重要度でいうとBマイナスかCかなあ」

ホワイトボードに書かれた「泳がせ捜査」の横に「B－（マイナス）or C」と書き込んだ。泳がせ捜査は任意処分だから、その実態が明らかになれば違法とされる余地はあると弁護団は考えたが、その可能性は低かった。

「秘匿カメラの追尾監視はプライバシー侵害だから、Bぐらいかな」

亀石が「B」と書き込む。公道で歩いている姿を撮影するのと違い、郵便受けの中身や洗濯物まで撮影するのは、明らかなプライバシー侵害だ。ただ、これも違法性の程度としてはそれほど重大ではないと判断される可能性が高く、仮に違法と判断されても証拠排除につながる見込みは薄い。

「ＧＰＳはめちゃめちゃ重要。この論点はＡプラス。いや、もう一つプラスをつけてもいいかも」

ホワイトボードに「Ａ＋＋」と記入する。ＧＰＳ捜査の違法性はメインの争点だった。この裁判では、この争点を立証しなければ意味がないと言ってもいい。

「そして証拠排除のための樹形図、ツリーね。ツリーも重要だから、Ａプラスかな」

福岡地裁の覚せい剤取締法違反事件では、裁判所が「ＧＰＳ捜査と証拠の関連性がないから、捜査の適法性については判断しない」とした。そういう形で「逃げられる」のは嫌だった。そのためにも違法捜査と証拠の関係を明白にしなければならない。ＧＰＳ捜査に負けず劣らず重要なポイントである。


すべての重要度が出そろった段階で、亀石はメンバーに問いかけた。

「じゃあ、役割を決めようか。担当したい論点がある人いる？」

すぐに反応したのが小林と西村だった。

「ＧＰＳやります」「私も」。

ＧＰＳ捜査の違法性についての主張は、弁護団としてもっとも重要で、かつもっとも難しい論点である。二人の立候補に異論は出なかった。

小林は、仲間の誰もが認めるほどの学者肌で、弁護団の理論的支柱だ。司法試験の勉強は過酷を極める。すべての分野を均等に網羅しようとすると、とても手が回らない。だが小林は「この本は面白い」「これを書いた人は面白い」という観点で読み込む。実利よりも興味や面白さを優先して勉強するので、知識は自然と広く深くなる。弁護士になってからも、自分が関わる事件に関係があろうがなかろうが、いろいろなものを読んでいる。だからこそ博学に拍車がかかり、説得力が増す。

一方、小林とともに理論派と目される西村は、小林のように「調べ尽くす」ことはしない。目の前に立ちはだかる問題や課題を解決するために必要なことは勉強するが、小林のように派生させて知識を広げようとはしない。ただし、手にした材料をもとに、徹底的に考え抜く。その考え抜く量と質が抜きん出ているため、数々のひらめきを生む。学者肌の小林に対し、西村が天才肌と呼ばれるのはそこに由来がある。他人と交流する気はまるでない。法科大学院時代には最後に教室に現れて、最初に教室を後にした。ある授業では小野と半年間席が隣であったにもかかわらず、半年間一切の会話を交わさなかった。しかし、本当のところは、真面目でシャイな人柄を隠そうとしているだけなのかもしれなかった。仲良くなると深く付き合い、やんちゃで少年のような地を見せる。

「わかった。じゃあ、ＧＰＳはコバケン（小林）とアキラさん（西村）ね」

最重要パートのＧＰＳが決まったところで、舘が手を挙げた。

「じゃあ、俺はツリーを担当するよ」

ツリーをつくるには、すべての証拠を精査し、それを関連づけていくという、途方もなく地道な作業をしなければならない。コツコツと努力するタイプの舘がもっともふさわしいのは誰の目にも明らかだった。司法修習生時代から舘は真面目で、細かく、手のかかる地味な作業を厭《いと》わなかった。何かにつけて文句は言うが、面倒見がよく、基本的に頼まれたことは断らない。正確な仕事をする縁の下の力持ちタイプの舘がいないと、集団としての機能が損なわれるのは誰もが知っていた。自他ともに認める「イジられキャラ」で、何を言われても打たれ強いところがある。まとめ役を担うことも多く、ついでに言えば本人も少々「出たがり」のところがある。

「舘さんがそこをやるんなら、僕もやります」

小野が続いた。小野は仲間うちでも「とらえどころがない」と評価される。自分の意見を通す強い我があるわけでもないが、かといって意見を言わぬわけでもない。ただ、人との協調性はピカ一で、最年少ながら集団のバランスをとるスタビライザーの役割を担う。感情の起伏がほとんどなく、言いにくいこともひょうひょうとした態度で切り込んでくる。しかし、見た目がおおらかで穏やか、人当たりも口調もソフトなため、内容的には厳しいことでも相手に警戒感や敵意を抱かせない。全員の共通した見立ては、地頭の良さでは小野が抜きん出ている。ただし、能ある鷹が爪を隠しすぎて、「どこにあるかわからない」などと評される。ポテンシャルはずば抜けているが、積極的に前に出ることがない。

「ちょっと待ってよ。みんな面白そうなところばっかりさっさと持っていってさあ」

それぞれが適任とわかっていても、亀石は少し文句を言いたくなった。

「残った二つ、裁判で主張しなくていいの？」

「いや、それも非常に大事です」

「大阪府警のやり方は、とてもひどいと思います」

言葉とは裏腹に、四人の顔がニヤけているのが癪《しゃく》にさわった。

「……残った私と我妻さんがやるしかないよね」

「よろしくお願いいたします」

妙に丁寧な物言いが、彼らが真面目に語っていない証だ。それでも、泳がせ捜査と秘匿カメラによる撮影捜査の違法性を主張しないわけにはいかない。

「もう、しょうがないなあ。若干テンション上がらないけど、泳がせ捜査は私で、秘匿カメラは我妻さんね」

会議では文句を言ってみせたが、亀石は当初から「みんなが積極的にやらないことを自分がやる」姿勢を貫こうと決めていた。証拠集めの書類仕事は、ひたすら作業が中心となる。刑事弁護の経験があればそれほど難しくない。黒田に対する接見も1週間に一度は行く必要があったが、それも最初から事件に関わる亀石が担当するのが効率的だ。メンバーには、やりがいのある論点を、一生懸命に本を読み、論文を読み、判例を研究して勉強し、賢い頭で考える姿勢を期待した。

そもそも亀石は、GPS捜査の法的性質について法律的な議論になったとき、小林・西村の二人には勝てない自覚があった。自分ができないことは仲間に任せる。自分がそれ以外の仕事を引き受ければ、彼らは自分たちのテーマに集中できる。何度も弁護団活動を経験した亀石は、リーダーとしての振る舞い方を熟知していたとも言える。

会議で泳がせ捜査の違法性や秘匿カメラのプライバシー侵害を「裁判で主張しなくていいの？」と言ったのも本心ではなかった。刑事弁護を知れば知るほど、これらの論点が通りにくい主張であることは知っている。どこかの段階で「やるだけ無駄だよね」

「そんなところに時間かける?」といった姿勢になってしまいがちだ。亀石は、それが我慢できなかった。素朴に「このやり方はおかしくない?」と問題提起をしたかった。

こうして役割分担が決まったのは、2014年8月7日の弁護団会議だった。次回の会議は9月2日。それまでに、自分が担当するパートの主張骨子をつくってくることが宿題となった。

弁護団内部の攻防

ところが、である。会議当日に骨子をつくってきたのは、亀石だけだった。

「いつになったらやるんだよ!」

亀石は、五人に対してかなり強い口調で詰問したが、小林は、彼女の怒りを難なく受け流し、悪びれる様子もなく言い放った。

「まだ肩が温まってないんですよね。まあ、頭の中ではほぼほぼできてるんですけど」

学者肌のイメージから、普段は真面目で無愛想に見られる小林も、ひとたびスイッチが入ると陽気な一面が出る。一方の西村も大きく出た。

「まだ、我々が出る場面ではないですね。でも書けと言われたら、一日で50ページぐらいは書けると思いますよ」

人を食ったような二人の言葉に、亀石も感情的に応戦する。

「あんたたちの頭の中にあったって、私たちに見えないと検討のしようがないじゃん！　何か書いてきてくれないと困るんだよ！」

二人も負けていない。口を揃えて矛先をかわそうとする。

「だってさ、ツリーがないと裁判所が判断してくれないし」

亀石の表情が変わる。

「あ、そっか。たしかに。ツリー早く作ってくれないかな」

突如、亀石のターゲットが舘と小野に向けられた。矛先を巧妙にすり替えることにまんまと成功した小林と西村はほくそえんだ。

「え？　オレ？」

突然矛先を向けられた舘も黙っていない。

「簡単に言うけどさ、ツリー作るのってけっこう大変なんだよ」

舘はすべての証拠に目を通し、ある証拠からどの証拠が取れて、その次にどの証拠が取れたかという関係性を割り出す地道な作業に没頭していた。すべて終わらなければ、ツリーは作れない。しかも、捜査が違法と主張できれば終わるわけではなく、証拠が排除されることで無罪との主張にまでもっていかなければならない。証人の供述調書のような、違法捜査からはだいぶかけ離れた証拠がＧＰＳ捜査とどのように関連するのかを、樹形図の形で視覚的に見せる必要がある。そのためにも、舘は開示された膨大な証拠を逐一見続けていった。気の遠くなるような作業だった。

具合の悪いことに、すべての証拠が出揃っているわけではなく、こちらから請求しなければ開示されない。証人の供述調書にたどりつけない場合は、たどりつくまで地道に証拠の開示請求を行う必要もある。ただ、舘は刑事事件の経験が少なく、捜査機関がどのような証拠を持っているか、いまひとつ見当がつかない。亀石は、舘が地道に努力している様子はしっかり把握していた。

「だったら、小野ちゃんは何やってんのよ？」

小野は舘と正反対のタイプだった。いちど動き出せば集中力と質の高い成果をあげるが、ギリギリにならないと動き出さない。

「いやあ、舘さんががんばっているんで。でも、僕だって証拠は読んでますよ」

のらりくらりとかわす技術に秀でるのも小野の特性である。

我妻は後輩キャラを最大限活用し、先輩に遠慮して意見を言わない格好を装っている。しかしながら、実際はやっているけれども積極的に発言しないのではなく、ほかのみんなと同じようにやっていないだけだと亀石はにらんでいた。

「ねえ……我妻さんはやってきたの？」

「あ、はい……」

同期ではないので冗談のようにごまかすこともできず、かといって嘘をつくこともできず、しどろもどろになるのがいつもの我妻だった。


亀石はそれぞれに詰め寄りながら、それでも憂慮はしていなかった。何年にも及ぶかもしれない長期戦となる弁護活動で、最初から最後まで高いレベルの集中力を保つのは難しい。現実問題としては、ほぼ不可能だ。それよりも、中だるみになったとき、集中力が欠如したときに、それぞれが内面に抱える思いをなんの遠慮もなく口にできるのが、この弁護団の良さだった。即席編成の弁護団では、思ったことをストレートに言えない。言えないことでストレスを溜め、メンバーに対して悪感情を持つようになる。その感情が、さらなるストレスを生んでいく。

その点、この弁護団は亀石が詰めてもキレても、メンバーはほとんどこたえていない。小林と西村などは、事前に亀石対策を話し合いながら毎回の弁護団会議に臨んでいた。

「絶対、今日、亀石さん詰めてくるよね」

「そうですね。今日はどうやって丸め込みましょうか」

二人の間では、亀石の詰問をかわすためのいくつかのパターンがあった。
「じゃあ今日は、『肩を温めている』ということでいきましょう」
そのほか、「頭の中ではできているんですけどね」「一瞬でできますから大丈夫ですよ」「あとは書くだけですから」などという言い訳をローテーションで使って切り抜けた。
亀石も口とは裏腹に、彼らに全幅の信頼を寄せていた。ただ、リーダーとしての仕事はまっとうしなければならない。時にはチームの空気を引き締めるのもリーダーの重要な役割だ。翌日、亀石はメーリングリストでメンバーに念を押した。
《念のため、次回会議までの宿題を確認します。舘くん、小野ちゃんチームは、類型証拠開示請求書、主張関連証拠開示請求書を作成する。証拠意見書1の見直しも含め、証拠意見書2を作成する。書籍『毒樹の果実論』を大阪パブリックに借りに来て、ちゃんと読む》
《我妻さんは、骨子をさらに深めて検討し、主張を詳細にしていく。求釈明、証拠開示請求の必要性についても検討。弁護人から請求する証拠についても検討》
《コバケン、アキラさんチームは、肩を温めておく》

合議裁判

弁護団が結成されてから7ヵ月あまりの間に予定主張記載書面は四回提出された。それ以前に亀石が単独で二度提出しているから全部で六回も出していることになる。

三回目の書面は2014年10月31日付。このときは泳がせ捜査と秘匿カメラを中心に書いた。四回目に、ごく簡単な目次のような体裁の書面を出したあと、2015年1月13日に提出した五回目の予定主張記載書面は、初めてツリーが入った28ページに及ぶものだった。この予定主張の主眼は、捜査の違法性は重大であり、かつ検察官が請求した証拠は違法捜査との関連が強いため、排除すべきであるという内容だった。

2014年12月5日、一〇回目となる公判前整理手続の最後に、裁判官から「次回から合議体で審理する」と言われた。亀石は平静を装っていたが、内心ではテンションが最大値近くまで達していた。

殺人、放火など、重い刑罰が科せられる事件は、法律上、三人の裁判官が合議で審理することとされている。これを法定合議という。そうした重大犯罪以外の事件については、地方裁判所の第一審は単独の裁判官で審理するが、争点が複雑であったり、法解釈上重要な論点を含むような事件は裁量で合議事件（裁定合議）とするケースがある。このGPS裁判が合議体になったということは、裁判所が本気になった証だった。ようやく、肩を温め続けていた小林と西村が本気になる舞台が整った。

もちろん、西村もただ黙って仕事を放置していたわけではない。もともと固まった学説もなく、公にされている学者の論文も限られていた。論点をゼロから構築していかなければならない難題に直面していた西村はずっと悩んでいた。

当時、日本の刑事訴訟法学者の間では、GPS捜査の法的性質については任意処分説と強制処分説に分かれており、多くの強制処分説の根拠も「程度論」に依拠していた。つまり、一度位置情報を取得しただけではプライバシー侵害とは言えないが、長期間にわたって位置情報が取得されればセンシティブな場所にいることも把握されてしまうから強制処分だという考えが大勢を占めていた（なお、「期間の長短や記録の蓄積などにより、GPS捜査の性質が左右される」という見解は、学説上は「モザイク理論」と呼称される。モザイク片を組み合わせて壁画を作製する過程に例えたものとされるが、本書では「程度論」＝「モザイク理論」という立場をとる）。しかし、一度でも位置情報を取ったら、それは重大なプライバシー侵害を伴う可能性があるのではないか。だとしたら、一度でも強制処分と言えないとおかしい。この考えについては弁護団の賛同も得られ、弁護団の主張方針となっていた。もっともこうした説を主張している学者はきわめて少なかった。既存の学説に依拠しない弁護団の主張を通すためには発想の転換が必要だった。

学者肌の小林も、手をこまぬいていたわけではない。文献や判例を読み漁《あさ》っては熟考する日々を送っていた。刑事訴訟法第197条には「捜査については、その目的を達するため必要な取調をすることができる。但し、強制の処分は、この法律に特別の定のある場合でなければ、これをすることができない」と書いてある。「任意捜査の原則」である。強制処分はあくまでも例外だからこそ、法律で定められたもの以外はできない。だが、GPS捜査は法で定められていない。

しかしそれ以前に、そもそもGPS捜査が強制処分なのかという論点がある。強制処分かどうかも法律には定められていないが、最高裁判所の判例は「個人の意思を制圧し、身体、住居、財産等に制約を加えて強制的に捜査目的を実現する行為など、特別の根拠規定がなければ許容することが相当でない手段」が強制処分（強制手段）となり得るとしている。GPS捜査は、つけられた人間の行動を丸裸にするから、重要な権利・利益の侵害になる、だから強制処分になるという論法だ。小林はGPS捜査という新たな捜査手法を、最高裁判所の示した定義に照らして強制処分と根拠づける理屈を、ひたすら考え続けた。

小林と西村が肩を温めている間、二人に任せていた亀石が一度だけＧＰＳ捜査の主張に関して不安を口にしたことがある。それは、メーリングリストでやり取りされた。

《強制処分一本でほんとによいのかな？　たしかに証拠排除との関係では、強制処分と言えなければダメなんだけど、うちらの主張のなかで一番認められる可能性が高いのは、本件ＧＰＳ捜査の違法性じゃないですか。「仮に任意処分としても」って、ほんとに言わなくていい？》

裁判所が判決で「任意処分」という判断をした場合に備えて、「強制処分だから違法」という論点だけ主張するのではなく、「仮に任意処分だとしても違法」という「保険」をかけておかなくていいのかという問題提起をしたわけである。

亀石の提起に対し、西村はきっぱりと言い切った。

《三つの理由から、ＧＰＳ捜査について任意処分の主張はしないほうがいいと思います。①内と外（たとえば家の中と家の外）でプライバシーがあるかないかを区別するという、ある意味でわかりやすい考え方を位置情報プライバシーにあてはめると、現状でも強制処分を勝ち取るのは難しいかもしれません。その状況で「仮に任意処分としても」という主張を行えば、任意処分と判断される可能性が高まると思います。我々としては

「強制処分は当然ですけど」ぐらいのテンションで主張したほうがよいのではないでしょうか。そのためには内と外で位置情報プライバシーの質を区別する考え方を打破する必要がありますが。②任意処分の主張をしなくても、具体的なGPS捜査の態様は主張できるし、判決で考慮してもらうことは可能だと思います。③具体的事実関係の精査はまだですが、本件（組織的・大規模・広域の犯罪）で、捜査の必要性との比較で捜査の違法性を決せられると、あまりよい展開にならないのではという印象を持っています（②の趣旨と矛盾しますが）》

小林も西村に続いた。

《強制で違法、仮に任意だとしても違法という二段構えの主張がベストと言う学者もいました。こうした主張は、実施時間の長短や記録の蓄積度合いでGPS捜査の性質が左右されるという「程度論」を前提としています。そういうことをすべて聞いたうえで、それでも理屈としては時間で左右されるのはおかしいし、「仮に任意処分だとしても」なんて、証拠排除されないならば意味がありません。予定主張という積極的主張でその土俵設定をすると、裁判所を本気にさせられないと思います》

亀石が返信する。

《なるほどねー。弁護人が強制処分だけを主張しても、裁判所が「任意処分だけど違

法」と判断することはある。そういう意味では、強制処分だけ主張するのでいいかもしれない》

小林と西村は口を揃えた。

《そもそも、GPSをつけても5分程度なら任意処分だけど、5分1秒からは強制処分というのは理屈として厳しくありませんか？》

小林と西村は、さまざまな学者の論文を調べ、あらゆる説を頭に入れたうえで、それらを参考にしながらも他方で鵜呑《うの》みにもせず、自分たちで冷静に論理を構築していた。そのための二人のやり取りも、頻繁に行われていた。

《何となく任意捜査じゃないのかなと考えるのは、「公道やん、だからプライバシーあんまないやん、だから尾行と変わらんやん」という思考が念頭にあるからですよね》

（西村）

《西村君の問題意識のうち、GPSが尾行と同じではない点と、プライバシーを内と外で区別するのは妥当ではない点はとりわけ重要で、予定主張記載書面に書くのは必須だと思いました。本件で問題となっているプライバシーの性質（単なる外観ではなく、むしろ思想や信条に近い）については、頭出しにして強調する必要があるかもしれません

ね。これから構成も含め、ブラッシュアップしていきましょう（笑）》（小林）

《小林先生がおっしゃるようなプライバシーの性質については、私も初めに強調する必要があると思いました。尾行との違いは、まだあまりいい理由が思い浮かびませんが、スピーディーに詰めていきましょう》（西村）

小林と西村によるGPS捜査の違法性の主張を組み込んだ最後の予定主張記載書面は、2月27日に完成した。49ページに及んだ予定主張記載書面で述べている内容は、弁護団の主張として最後まで一貫し、決してブレることはなかった。

書き上げた小林と西村は、メーリングリストで労をねぎらい合った。

《お疲れさまでした！》（小林）

《我々の仕事は終わりましたね！》（西村）

その一文に、亀石が割って入る。

《おいおい、まだ終わってないよー！　尋問の準備してねー！》

GPSを借りよう！

弁護団が最後の予定主張記載書面を書いているさなかの2015年1月23日、共犯者である大川道二の公判が開かれた。三人の共犯者のうち、中野武と吉沢雄太はGPS捜査の違法性について争わなかったが、大川は争う姿勢を見せた。この公判の証人尋問に、黒田の公判にも証人として出廷予定の浜本健司ら二人の警察官が出廷する。弁護団は、彼らがどのような証言をするのかを確かめようと、全員でこの証人尋問を傍聴したのだった。

警察官は、言いたい放題だった。とくに、GPSの精度を低く印象づけようとしている。

「GPSで取得できる位置情報は、だいたいの位置しかわかりません」

あきらかに事実と異なる。

「警察、あんなこと言ってるよ」

「嘘つくなよなー」

弁護団の面々は、彼らの証言に憤った。

その4日後、大川の裁判の「証拠採否決定」が行われた。

裁判所は、検察官が請求した証拠、弁護側が請求した証拠に基づいてそれぞれ事実を認定する。認定した事実に対し、法令を適用した上で有罪か無罪かを決める。有罪であれば量刑を決める。この証拠調べや、判決などのために法廷を開くことを「公判」という。

裁判所が判決を下すにあたっては、どの証拠を採用し、どの証拠を不採用にするのかを必ず決定しなければならない。証拠により事実認定が左右されるからだ。これが「証拠採否決定」である。検察官の請求した証拠が違法収集証拠で証拠能力がないとなれば、検察官の証拠調べ請求を却下しなければならない。

ＧＰＳ裁判の場合は、ＧＰＳ捜査は違法なのか、その程度は重大か、そして、ＧＰＳ捜査によって得られた証拠といえるのか――が最大の争点である。

この「証拠採否決定」において、裁判所は結局、次のような判断を示した。

「ＧＰＳ捜査は任意処分。ＧＰＳ捜査を実施する必要性や緊急性もあったから適法である。よって証拠排除をする必要はない」

亀石たちの弁護団の初公判は2ヵ月後の3月に予定されていた。満足できる水準には至らなかったが、検察から十分な証拠を引き出し、ＧＰＳ捜査の実態を把握している。予定主張記載書面の作成を通じて、ＧＰＳ捜査の法的性質の理論構築も行った。23条照会によって捜査機関が取得した位置情報の履歴もつかんでいる。これだけ主張の構築が整っていれば、大川の公判とは異なる判断を得られるという自信はそこそこあった。とはいえ、初公判の直前に「ＧＰＳ捜査は任意処分だから適法」という判断が示された事実に変わりはない。その日の夜のメーリングリストで亀石らが憤慨するのも無理はなかった。

《しょうもない判断！　でも証拠関係からはこういう判断にならざるを得なかったのかな。こういうことにならないようにがんばらないと》（亀石）

《厳しいですね。我々の裁判では強制処分の判断を下すのが妥当という理由を与える証拠がもっと必要です。やっぱGPS借りましょうよ！》（西村）

西村がGPSの実験を提案したのは、リアルなものを見せれば、GPSとはこういうものだという実感を持ってもらえると考えたからだ。

《借りたら勝てるでしょうね》（小林）

《そうでしょうね。というわけでセンシティブ位置情報の旅に出ましょう》（西村）

《試しにGPSを私につけるとか？　絶対に嫌だ！》（亀石）

《じゃあ、亀石さんに磁石で設置するのはやめときます。実際、車に載せて、どんなもんか確かめたいなと》（西村）

《それならいいよ。試しに1ヵ月だけ契約するぐらいなら、1万円程度で済むみたい。土日とかに取りつけられる車と追尾する車を用意してやりましょうか》（亀石）

《追尾もやるんですね》（西村）

《そのほうが、実際にGPSの情報で探せるかどうかわかっていいんじゃないかと思って》（亀石）

《なるほど。じゃあ、舘先生とウチの車でいいんじゃないですかね》（西村）

《了解。舘車とアキラ車でやりましょ！　とりあえず、みんな予定を入れてください。時間もお願いね》（亀石）

《勝手に舘車って決められてる！　予定記入しました》（舘）

《予定入れました》（我妻）

《出遅れましたが、予定入れました！》（小野）

《入力しました。2月14日の朝で決まりですね》（小林）

《みなさま　早速ありがとうございました！　2月14日に実行しましょう。舘車とアキラ車の準備、よろしくお願いします。私はココセコムの契約をします。我妻さんはビデオカメラの準備をしてください。コバケンはすごく高いカメラを持ってきてください。小野ちゃんは、筆記用具を持ってきてください》（亀石）

《了解です。小野ちゃんだけ軽装すぎる！》（西村）

《了解です！　事務所にある最高の筆記用具を装備していきます》（小野）

《まずは役割分担を決めないとね。それで最初の集合場所だけみんなで考えて、それ以降のルートはGPS班が追跡班に内緒で考えて当日に臨むって感じかなあ》（舘）

公判が始まるおよそ1ヵ月前、GPSの実証実験プロジェクトが動き出した。

GPS実証実験

実施計画は、発案者である西村が策定した。裁判所に証拠として提出するには、信頼できるものをつくらなければならない。そのためには目的と方法が重視される。

目的は二つある。第一の目的は、GPS端末の精度の測定と、センシティブな情報の把握・特定可能性の実証だ。あらかじめピックアップした複数の地点にGPS設置車両を停車させ、位置情報を検索。地図上で位置を特定できるか確認する。そして第二の目的が、見失った移動車両の追跡可能性である。追跡車両がGPS設置車両を検索しながら、目視できない位置にあるGPS設置車両の追跡を行う。

具体的には、次の三点で行うことにした。

1・位置情報の精度

いかなる条件において、どの程度の誤差が生じるのか。あるいは、検索不能になるのか

2・高速移動

高速で移動する車両を、GPSは正確に捉えられるか

3・自由移動

高速で大阪から京都に移動。京都からGPS設置車両は行き先を告げずに自由に移動する。それを尾行の素人がGPSの位置情報を頼りに追尾できるか。センシティブ情報としては病院・宗教施設・拘置所に行くことだけは決めたが、どの病院・宗教施設・拘置所かはランダム

2015年2月14日、晴れ。その朝、大阪は最低気温が1・5度まで下がり、厳しい冷え込みとなった。最高気温も9度に届かず、風もかなり強かったため、体感温度は低い。弁護団は午前10時に大阪拘置所の駐車場に集合した。周囲に高層の建物はない。16台収容する駐車スペースにも障害となるようなものはない。位置情報を取るうえでは最高の環境だった。

GPS設置車（逃走車）には舘の車を使った。助手席に小野、後部座席に我妻が座った。運転者の舘はこの日、たまたま胃腸炎にかかり38度を超える熱が出たが実験を優先させられた。助手席の前のダッシュボードには、亀石が契約したココセコムのGPS端末が置かれている。

追尾する追跡車には、西村の車を使用した。運転者は西村、助手席に亀石、後部座席に小林が座った。亀石の手には、ココセコムの契約者専用ページにログインして位置情

報を取得する準備を整えたスマートフォンが握られていた。

さっそく亀石のスマホの画面には拘置所の住所、「大阪市都島区友渕町」と表示される。測位誤差の欄には何も表示されなかった。地図を呼び出すと、赤い丸印と十字が重なったマークが表示されている。ちょうど、大阪拘置所のあたりを示していた。

ココセコムの説明書には、誤差が１００ｍ程度までであれば赤色、それ以上の誤差になるとグレーでマークが表示されると書いてある。拘置所の駐車場で取得した位置情報は赤い丸印で表示されていたので、誤差の少ないほぼ正確な位置情報であると判断できた。

次に、厚いコンクリートの壁に囲まれた場所に車がある場合の精度実験である。弁護団は大阪拘置所からショッピングセンターに移動した。逃走車は立体駐車場に入り、追跡車は外で待機する。

逃走車は立体駐車場の5階に停車した。駐車場はコンクリートの壁で囲まれていたが、各階の壁には通気と明かり取りのための空間があり、外部とつながっている。亀石が位置情報を取得すると、測位誤差の欄に「実際の位置と数百ｍ程度」というメッセージが表示された。地図ボタンをタップすると、地図上ではショッピングセンターの位置近辺にかろうじて丸と十字のマークがかかっていたが、色はグレーで表示されている。実際に車がある場所の近辺は特定できるが、現実の位置とは数百mの誤差があると考えられた。

逃げられない

続いて、高速で移動中の位置情報の精度実験に移る。同時に、追跡車が逃走車を目視で見失ったときでも、位置情報を取得することで再度捕捉できるかを試す実験でもあった。午後0時15分、逃走車は追跡車に行き先を告げずに移動を開始した。

逃走車の車内は、どんよりとした空気が漂っていた。体調の悪い舘のイライラが、同乗した小野と我妻に伝わったからだ。舘の体調は、時間を経るごとに悪化していた。体調面だけでなく、ずいぶん前に約束していた子どもとのお出かけもこの件でキャンセルとなり、すこぶる機嫌が悪かった。ふだんは舘と仲のいい小野も、会話の糸口をつかみかねていた。マスクをつけていた舘は、ブツブツと悪態をついていた。後部座席にいた我妻にもブツブツ呟《つぶや》く声は聞こえたが、何を言っているかまでは聞き取れなかった。

逃走車が出発してから26分後の午後0時41分ごろ、位置情報の表示から、逃走車が守口ジャンクションから阪神高速に乗ったと推測された。ただし、100m程度の測位誤差があると表示された。その2分後、さらに9分後に取得した位置情報は、いずれも高速道路上にあった。これらの情報から逃走車は高速道路を京都方面に向かっている可能性が高いと判断し、追跡車は移動を開始した。逃走車と同様に守口ジャンクションから高速道路に入ろうとしたが、運転する西村が高速入口を見落とし、入ることができなかった。

「どうする？　戻る？」

亀石の問いかけに対し、西村は当初の目的を強引に変更することに決めた。

「同じルートを後追いするのではなく、まったく違うルートで追いかけても、GPSが設置されている車に追いつけることを証明しましょう」

そのまま一般道を京都方面へ走り、守口から摂津、吹田と車を走らせる。この段階で亀石が位置情報を取得すると、逃走車は京都南インターチェンジで高速道路を降り、国道1号線を北に向かって走る様子が確認された。

吹田インターチェンジから高速道路に乗った追跡車は、午後1時34分に京都南インターチェンジを降り、逃走車と同じ国道1号線を北上した。ふたたび位置情報を取得すると、逃走車は京都市立病院の近辺にいると推測された。17分後に位置情報を再度取得。同じ位置から動いていない。

「病院に停まってる」

追跡車は京都市立病院の南駐車場に急いだ。駐車場内を探す。すぐに見つかった。わずか20分で追いついたことになる。

「おせーよ！　何分待たせるんだよ！」

イラつく舘を放ったまま、追跡車のメンバーはあらためてGPSの機能を再認識した。

「本当にピンポイントでわかるんだね」


最後に公道から目視できない場所に停車している場合でも、位置情報によって車両を捕捉できるかという実験に移る。逃走車が、再び行き先を告げずに移動を開始した。

ここから、追跡車は数分おきに位置情報を取得しながら追尾を続けた。逃走車が向かった先は東寺。追跡車には、位置情報によって逃走車の動きが手に取るようにわかった。

「すげえな、これ」

後部座席から、小林が声を上げる。

「あっちに行ったよ」

亀石が言う。逃走車とは異なり、追跡車の車内は明るかった。位置情報がピンポイントで取れ、逃走車の動きが手に取るようにわかる。ふと、東寺周辺に着いた逃走車が、奇妙な動きを見せる。東寺の周辺をグルグル回っているようだ。

「何、これ？　フェイント？」

「いや、道を間違えたのかなあ？」

小林が口にする。実証実験の条件、センシティブ情報の取得の一部として宗教施設の駐車場に入ることが決められていた。

「惑わせようとしているのかな？」

小林が続ける。西村は亀石の指示を受けながら黙々と運転している。

「わざとなんじゃないの？」

亀石も同調する。

「あいつら、逃げられると思ってんのか？」

やがて逃走車は東寺の敷地内で動かなくなった。午後2時25分だった。間をおかず、追跡車は6分後の2時31分に東寺の駐車場に入った。

「本当にすぐ来たという感じですねえ。トイレに行く暇もなかったぐらいですよ」

逃走車に乗っていた小野が感心する。

「グルグル回ってたけど、何かやってたの？」

小林が尋ねる。

「道を間違えたんだよ！　ったく、駐車場の入口がぜんぜんわからなくて、東寺は目の前にあるっていうのに、グルグル回んなきゃいけなかった」

館は、相変わらず体調と機嫌が悪そうだ。

「一度、東寺から離れなかった？」

亀石の問いかけに館が再び答えた。

「ああ。入口がわからないから、もうこっちから回るしかないと思ってね」

小林が口を開いた。

「そこまで細かくわかるっていうことだね」

実証実験の成果は十分に得られた。

ただし、この実証実験は、実際に取得された位置情報がプライバシー性の高い場所も暴く「わかりやすい資料」を提供するものにすぎない。弁護団の主張する「いかなる場所であっても、一回のＧＰＳ位置情報取得により、重要な権利・利益を侵害する」という理屈を証明するものにはなっていない。

それでも、インパクトは十分にあった。

第五章

尋問

被告人黒田行男に対する窃盗、建造物侵入、傷害事件の第2回公判が開かれたのは、2015年3月24日のことだった。

2月18日には第1回公判が開かれている。それまでは共犯者もまとめた形で裁判が進められていたが、GPS捜査の違法性を争う姿勢を見せた黒田に対し、共犯者の意思表示がされていなかったため、一度公判を開いて態度を明確にさせる必要があった。その結果、中野・吉沢は争う姿勢を見せず、公判の分離が決定した。本格的な審理に入る公判が第2回となったのは、そのような経緯からだ。

尋問の技術

公判のハイライトは、証人尋問だった。

刑事事件の尋問には厳しいルールがある。こういう聞き方をしなければならない、こういう聞き方をしてはならないといったルールが刑事訴訟規則に定められている。

テレビドラマや映画の法廷シーンで、検察官あるいは弁護人が証人に対して尋問を行っている際に、尋問を見守る側が「異議あり！」と叫ぶシーンがある。その後、異議を申し立てた側はこんなふうに続ける。

「関連性のない尋問です」

「ただ今の尋問は、侮辱的（威嚇的）です」

このような尋問は規則で禁じられているため、裁判官はこうした尋問が行われたと判断すれば、当事者の意見を聞いた上で判断・決定を行う。

「異議を認めます。尋問の仕方を変えてください」

尋問の技術は、公判の行方を左右する。尋問の技術の巧拙によって、証人から引き出せる事実も違ってくるので、結論さえ左右しかねない。とくに、警察官に対する尋問は難易度が高いとされている。彼らは尋問に慣れており、組織を守るためには、時として嘘も辞さない。彼らの堅いガードを突き崩すにはテクニックが必要だ。その一つに、「はい・いいえ」や「AまたはBのどちらか」といった具合に回答を択一で選ばせる、いわゆる「クローズドクエスチョン」というものがある。

「こうですよね」

「はい」

「こうではないですよね」

「はい」

弁護側にとっての検察側の証人のような、いわゆる「敵性証人」には、このように答えさせるのが理想的とされる。自由に意見を語らせると、敵性証人の主張をえんえんと喋らせることになってしまい、こちらが引き出したい結論に至らない可能性があるからだ。ただし、尋問は人を相手にする〝水物《みずもの》〟なので、一つのテクニックで突破できるほど甘くはなく、結局は相手に合わせた臨機応変な対応が必要となる。

公判が始まってからまもなく、弁護団は、証人尋問の役割分担を決めた。亀石が泳がせ捜査、追尾監視型捜査（秘匿カメラによる捜査）を含む全般について、続いて小林と西村がＧＰＳ捜査に関する尋問をそれぞれ行う。シミュレーションについては弁護団会議で綿密に行った。自分の担当部分の尋問をそれぞれが作成してメーリングリストに流し、会議ではそれを全員でチェックした。

この会議中、西村が亀石に突然、質問をしてきた。

「……ていうか、刑事事件の尋問って、どうやるんすか？」

西村は、刑事事件の尋問の経験がない。亀石は、急に不安になった。

（そうだった。この人たち、刑事事件あんまりやったことがなかったんだった……）

「じゃあ、まずは『ダイヤモンドルール』読んで」

『実践！　刑事証人尋問技術―事例から学ぶ尋問のダイヤモンドルール』（現代人文社）は、尋問のバイブルと呼ばれる本である。この本を使って全員がひと通り刑事事件の尋問のルールを学んだが、それでも亀石の不安は消えなかった（西村は結局、尋問でも〝自己流〟を貫いた）。

公判開始

公判が行われる大阪地方裁判所は「大阪高等・地方・簡易裁判所合同庁舎」の中にある。法廷の傍聴席は、マスコミと警察官が大半を占めた。警察によるＧＰＳ捜査の違法性を暴こうとしている弁護団に対して、警察は表面上は平静を装っているように見えた。

取り調べ中に被告人が暴力を振るわれた点などを争う公判では、傍聴席の警察官が被告人を睨《にら》みつけるケースがある。暴力団員が裁かれる公判では、傍聴席で刑事と暴力団構成員が睨み合うこともある。だがこの公判では、まだ張り詰めた空気は流れていない。

裁判長が入廷し、着席する。起立していた法廷内の全員が席につく。

公判は「冒頭手続」から始まった。

「被告人は、証言台の前に来てください」

裁判長が黒田を促し、人定質問を始めた。

「名前はなんといいますか」

「黒田行男です」

「これから、あなたに対する窃盗、建造物侵入、傷害被告事件の審理を始めます。これから検察官に起訴状を読んでもらうので、あなたも聞いていてください」

検察官が起訴状を朗読した後、裁判長が続ける。

「あなたには黙秘権があります。言いたくないことは、言わなくても結構です。ただし、言ったことはすべて証拠になりますから、注意してください。その上で聞きますが、検察官が読み上げた起訴状に何か間違いはありますか」

黒田が口を開く。

「ありません。私が起訴状に書かれた行為をしたことについては間違いありません。被害者の方々に心からお詫びいたします。可能な限り、被害を弁償したいと思っています」

続いて、黒田は亀石と練り上げた文章を朗読する。

「私に対しては、平成25（２０１３）年の2月に逮捕状が出ていたと聞きました。実際に逮捕されたのは平成25年の12月です。この間、ＧＰＳを何台もの車に取りつけられて行動を監視され、ビデオカメラなどで私たちの行動を長時間記録されました。私が起こした事件にはまったく関係のない知人の車にもＧＰＳが取りつけられ、まったく関係のない友人たちの姿などが、録画されたり撮影されたりしました」

黒田が続けて読み上げる。

「私は、このような捜査が本当に許されるのか、裁判で明らかにしてほしいと思いました。自分の罪を軽くしたくて、このようなことを言っているのではありません。私は自分のしたことを認めていますので、もっと早く裁判を終わらせる選択肢もありました。しかしそれよりも、私に対して行われた捜査が本当に許されるのか、裁判で明らかにしていただきたいと思いました。私の意見は、以上です」

主任弁護人の立場から亀石が起訴状記載の公訴事実について意見を述べる。

「被告人が述べたとおり、各公訴事実記載の行為に争いはありません。ただし、被告人に対する捜査の過程では重大な違法がありました」

「被告人に対する捜査の過程で行われた、泳がせ捜査、追尾監視型捜査、GPS捜査には重大な違法があります。このような重大な違法捜査の存在を看過して行われた、長崎事件を除く公訴提起は、検察官の合理的裁量を著しく逸脱したものでありますので棄却されるべきであると考えます。また、重大な違法捜査によって収集された証拠、それらの証拠と密接に関連する証拠は、いずれも証拠能力がなく、排除されるべきであると考えます」

弁護団の、検察官に対する正式な宣戦布告だった。裁判長が口を開く。

「わかりました。では、これから裁判を始めます。被告人は席に戻って座ってください」

公判は「証拠調べ手続」に移った。

最初に、検察官が冒頭陳述要旨を読み上げた。黒田の身上経歴、共犯者との関係、犯行に至る経緯と犯行状況に続き、争点となっているGPS端末装着までの経緯と装着後の捜査状況を述べ、捜査で使用されたGPS端末の性能及び使用方法に言及した。

捜査員は、路上やコインパーキングなど一般人が出入りできる場所に駐車中の車の目立たない場所に、GPS端末を磁石で取りつけた。位置情報を取得する際には、捜査員が手動で携帯電話からネットに接続して画面上に位置情報を表示させた。捜査員は、数十mから数百m以上の誤差が生じる大まかな位置情報をもとに、その付近にいる捜査員が実際に捜索を行った上で対象車両を発見した。あくまでも、GPSではピンポイントの位置情報は取得できず、補助的なものとして使っていた——以上のような主張を行ったのだった。

弁護人の冒頭陳述

続いて、弁護人の冒頭陳述に移る。弁護団は、とくに傍聴席にいる記者・メディア関係者にこの裁判の争点を正確に理解してもらいたいと考えた。彼らの記事を通じて、一般市民にGPS捜査の危険性を認識してもらうためである。そのためには、単なる文章の読み上げだけでは弱い。そこで、パワーポイントで作成した資料を法廷内に映し出し、より理解を容易にする作戦に出た。

冒頭陳述は、舘が読み上げた。

「黒田さんに対する警察の捜査手法には、重大な違法がありました。検察官は、重大な違法捜査に目をつぶり、黒田さんを起訴しました。黒田さんに行われた捜査手法は許されるのか。検察官の公訴提起は正義に反しないのか。この裁判では、そこが問われています」

ここで、パワーポイントの画像が切り替わる。黒田ら窃盗団が重ねてきた犯行を、時系列で表示したものである。黒田は、２０１２年2月に、長崎県内で窃盗事件を起こした。これが「長崎事件」である。捜査機関は、事件発生から約１週間後には犯人のものと思われる遺留指紋と黒田の指紋が一致した事実、複数の共犯者がいる事実を把握した。

事件から1年後の２０１３年2月、長崎事件について黒田に逮捕状が発付された。この時点で捜査機関は、共犯者として中野と大川を特定し、黒田の複数の立ち回り先も把握した。その後、黒田に対する逮捕状は更新され、2月19日から20日には捜査機関が黒田を発見するが逮捕はしなかった。舘は窃盗団が起こした事件に言及し、その時点で逮捕に足る証拠があったにもかかわらず、泳がせて犯行を重ねさせた捜査手法を指摘したのだ。その上で、こう続ける。

「捜査機関は、犯罪が拡大しないように、適切な段階で早期に犯罪を検挙する義務を負っています。しかし、捜査機関はその義務を怠り、泳がせ捜査を続けて黒田さんらに犯罪の実行を許したことで、第三者に重大な権利・利益の侵害が生じました。このような捜査は、任意捜査として許される限度を超えており、違法です」


続いて、泳がせ捜査が行われていた間に、警察が行った違法捜査について話し始めた。法廷内のパワーポイントは、追尾監視型捜査の概略に切り替わる。捜査機関は、ハンディビデオカメラや固定カメラを使用し、黒田らの行動を追尾しながら録画、撮影を行った。この捜査は、長いときで10時間以上にわたって行われた。撮影された場所は16ヵ所以上、49日間以上行われ、録画時間は400時間以上にのぼった。

撮影対象として、黒田や共犯者だけでなく、事件には関係のない友人などが多数含まれていた。公道から見える人物や場所だけでなく、集合住宅の郵便受けの中にある郵便物やマンション8階の玄関ドアを出入りする様子、ベランダに干している洗濯物なども含まれた。この捜査では、一回限りの写真撮影とは異なり、広範な場所での移動や行動が把握され、「いつ、誰と、どこで、何をしているか」という情報が記録され、蓄積された。

館は、こう糾弾する。

「追尾監視型捜査では、捜査対象とは無関係の第三者の情報や、人に知られたくない私生活上の情報までもが取得されてしまいます。このような捜査は、プライバシーの合理的な期待を侵害するものであり、重大な違法があります」


いよいよ館は、捜査機関が令状を取得せず、黒田ら窃盗団の車両に合計19台のGPS端末を取りつけ、位置情報を取得した事実を明らかにした。パワーポイントは「位置情報に関するプライバシー侵害」とのタイトルのもと、GPSの性能や機能が明示されている。館は、GPSの特徴をわかりやすく説明した。

「捜査対象となった人物が、いかに高速で移動しても、いかに遠方へ移動しても、たとえ公道上から確認できない場所に移動しても、捜査機関がGPS端末を利用して精度の高い位置情報を取得する限り、決して逃れることはできません。このような位置情報の取得が、複数かつ長期にわたって行われ、その結果として、対象者の行動状況は、半永久的に記録されることになるのです」

このような捜査手法は、対象者のプライバシーに対する高度な侵害を伴う。位置情報に関するプライバシー侵害は、憲法第22条によって保障されている居住・移転の自由、憲法20条によって保障される信教の自由、憲法第21条によって保障される表現の自由・集会の自由など、複数の基本的人権の侵害を伴うものであり、侵害される利益は極めて重大だという主張である。舘の陳述が続く。

「したがって、GPS端末によって位置情報を取得する捜査は、重要な権利・利益を侵害する強制処分であって、裁判官の発する令状がないと行えません。令状を取得することなく黒田さんらの車両にGPS端末を取りつけ、位置情報を取得した行為には、重大な違法があります」

最後に切り替わったパワーポイントには、舘と小野が作成したツリーが表示された。

「このように、黒田さんに対する捜査には、三つの重大な違法があります。このような重大な違法を看過して行われた起訴は、正義に反しないのでしょうか。また、このような重大な違法によって収集された証拠や、それらと密接に関連する証拠に、証拠能力を認めてよいのでしょうか。この裁判では、その点が問われています」

裁判長は、冒頭陳述が終わると公判前整理手続と期日間整理手続の要旨を読み上げ、続いて検察官と弁護人がそれぞれの証拠の取り調べを裁判所に請求した。

証人尋問

第2回公判は、証人尋問へと移った。GPS捜査を現場で取り仕切った大阪府警の浜本健司警部補を、検察官が尋問する形で始まった。

宣誓書にサインした浜本が内容を読み上げる。

「宣誓。良心に従って、真実を述べ、何事も隠さず、偽りを述べないことを誓います」

検察官は、浜本に事件の経過を淡々と尋ねていく。40分ほど経ったころだろうか、2013年8月6日から翌7日にかけて大阪府内で窃盗団を追尾した場面にさしかかった。

検察官（以下、検）：窃盗団のレガシィにGPSをつけたのはいつですか。

浜本（以下、浜）：8月7日の午前1時過ぎです。

検：つけたときに、レガシィが停まっていた場所はどこですか。

浜：C市駅の××××というコインパーキングです。（尋問では実名。以下同じ）

検：捜査員が把握した状況はどんなものでしたか。

浜：取りつけた前日（6日）、黒田ら四名が黒田ガレージに集合し、黒装束に着替え、吉沢のプリウス1台で出発しました。追尾をしましたが、警戒が厳しく、レガシィを盗んだことは確認できませんでした。その後プリウスを追尾したところ、レガシィと2台で走っている状況を確認しました。プリウスを追尾すると、スーパー銭湯の駐車場に無人で停まっていました。

検：その後、コインパーキングでこのレガシィを発見したのですか。

浜：はい、そうです。

検：どうしてここに停まっているとわかったのですか。

浜：前日にレガシィを停めに行くとき、追尾をしました。最終的な隠匿場所はわからなかったのですが、翌日に走行した経路付近を捜索したところ、見つけたということです。

検：コインパーキングにレガシィを停めるところまで追尾できなかったのはなぜですか。

浜：細い道を通っていて、警戒が厳しく、停めた場所までは把握できませんでした。

検：このレガシィに装着したGPSを外したのはいつですか。

浜：2日後の8月9日です。レガシィを発見して押収したので、そのときに外しました。

検：このときの内偵捜査の状況をまとめた捜査報告書が、今回の裁判で弁三十四号証（弁護人が提出した証拠）という証拠で出ています。この報告書は、当時の捜査状況をそのまま書いていますか。

浜：はい、そうです。
検：ただ、GPSのことには触れていませんよね。なぜですか。
浜：秘匿事項ですので、書類には書いておりません。
検：8月6日から7日の朝方にかけて、浜本さんも追尾したのですか。
浜：実際に私が追尾しています。
検：捜査員何人態勢で張り込みをしましたか。
浜：追尾が六人、車は3台使い、1台に二名ずつ乗っていました。
検：モータープール（駐車場）、簡易郵便局、病院の近くまで行って、事件を起こした状況を確認していますよね。そのときに、被告人らを逮捕できなかったのですか。
浜：逮捕は厳しかったですね。
検：なぜですか。
浜：我々の車だけだったので、バールを持った相手に反撃されるおそれがありますので。
検：浜本さんが乗っていた車だけが、被告人らを追尾できたということですか。
浜：そうです。
検：浜本さんから連絡を取って、他の捜査員を早急に集めることはできなかったのですか。
浜：黒田らは犯行が速いので、時間的に無理でした。

検：逆に、浜本さんの車だけが近くまで行けたのはなぜですか。
浜：自分で言うのもあれですが、追尾や張り込みは長年の経験がありますし、運転手も運転技術に長けていたということだと思います。
検：この日、浜本さんたちは簡単に追尾できましたか。
浜：簡単ではありません。
検：でも、レガシィのGPSを検索しながら追尾したわけでしょう。
浜：GPSは、かなりの誤差が生じます。たとえば一回目にGPSを検索したとき、ある地点でGPSの反応があります。そこをA地点とします。画面に表示されるのは、動いているか停止しているかわからない状況です。二度目に検索して反応した場所をB地点とすると、B地点は携帯電話の画面には表示されますが、A地点とB地点がカーナビのように軌跡として表示されるわけではありません。どっちの方向に進んでいるのか、どのくらいの距離を進んでいるのかまったくわからないのです。一本道をまっすぐ進むのであれば、おおよその見当はつきますが、黒田らは右左折を繰り返したり、Uターン、停車を頻繁に繰り返したりします。どこにいるのか把握するためには、GPSを携帯の画面で確認し、手持ちの地図でさらに確認し、こっちに動いたとやっとわかる状況です。

ＧＰＳの精度の高さや、その有効性は、弁護団で実験をした際に実証済みだ。セコムから開示された位置情報記録でも「誤差なし」というケースも多かった。

警察官との闘い

翌25日の第3回公判は、浜本に対する検察官の残りの尋問に続いて、弁護団側からの反対尋問が行われた。はじめは亀石、続いて小林、そして西村だ。

西村はまず、「ＧＰＳの精度が低い」という浜本の証言を崩すことから始めた。

西村（以下、西）：浜本さんのお話を聞いていると、ココセコムの位置情報の精度は、かなり誤差が生じるように聞こえますが。

浜本（以下、浜）：はい、そうです。

西：携帯で検索したと思いますが、誤差の表示が出ない場合も多かったのではないですか。

浜：誤差が出るほうが多いですね、私から言わせると。

西：位置情報履歴は確認されましたか。

浜：しております。

西：多くのケースで誤差が出ていると表示されていましたか？
浜：たぶん、実際の誤差と位置情報の履歴の表示はリンクしていないのではないですか。
西：履歴が間違っているということですか。
浜：履歴には64ｍと書いていますが、携帯の表示はマークがグレーになったりした場合もあると思います。実際、私がずっと運用しているわけですから、そうだと思います。
西：セコムが間違っているというわけですか。
浜：間違っているというか、リンクしているかどうかは、私にはわかりませんね。
西：浜本さんの主尋問のお話を聞いていると、ココセコムのＧＰＳは精度も悪く、たいして尾行もできないし、何か使えないように聞こえたんですけど。
浜：使えないことはないですよ。大まかな場所はわかりますから。
西：有用だから使っているんじゃないんですか？
浜：はい。

セコムの位置情報と浜本の供述との矛盾点をついた。ＧＰＳ捜査の有用性を認識していた点も引き出した。

西村は次に、8月6日から7日の尾行について尋問を始めた。「位置情報履歴」という動かしがたい証拠によって追い詰めようとする。

西：この日は、レガシィを追いかけていましたよね。
浜：はい。
西：レガシィは、高速道路上ですごく速いスピードで走っていたという話ですね。
浜：はい。
西：そのレガシィは、捜査を警戒するような動きもあったというお話ですね。
浜：はい。
西：（大阪府）C市のモータープールでレガシィが停まっているのを確認されていますよね。
浜：はい。
西：（兵庫県）D市のショッピングモールの西側にレガシィが停車しているのも確認されていますね。
浜：はい。
西：D市の簡易郵便局にレガシィが停車しているのも確認していますよね。

浜：はい。
西：D市の病院の駐車場にレガシィが停車しているのも確認されていますね。
浜：はい。
西：ココセコムで、それぞれの現場の位置情報を、ほぼ正確に取得していたのではないですか。
浜：アバウトな位置は出ますね。追尾の過程で離れることはありますが、犯行に及ぶであろう現場付近では、黒田らは物色したり、くるくる回ったり、低速になったりしますので、その付近では後ろから何となくレガシィが見えますので、そういう点では位置情報だけを頼りにしていたわけでもありませんね。
西：各現場の位置情報を検索したとき、誤差メッセージは表示されなかったですよね。
浜：記憶にないですけど、誤差は表示されていますよね。
西：されていますか。
浜：はい。
西：ココセコムの履歴を見ると、ショッピングモール西側、簡易郵便局前、病院の駐車場内を示す位置情報をそれぞれ取得されていますが、緯度、経度が正確に各地点を示しています。そういう記憶はありませんか。

浜：誤差がナンボあったかというのは記憶にないです。私もその履歴を見ましたが、ほとんど検索できないか、５００ｍの誤差とか、そんな履歴ばっかりちゃいましたか。
西：報告書の12ページを見ると、たとえば２０１３年８月７日１時34分55秒、精度48ｍでモータープール、ずっと下に行きまして、２０１３年８月７日２時21分48秒、精度48ｍでショッピングモール、続いて13ページ、簡易郵便局の履歴があるのですが、これはレガシィの位置情報の履歴ですよね。
浜：たぶん、流れ的にそうやと思います。
西：たとえば２０１３年８月７日２時23分42秒、精度48ｍと出てくるのですが、このとき誤差メッセージは画面には出ていないですよね。
浜：だから、精度が48ｍやから誤差が出ないというのは、ちょっとわからないので。
西：携帯の誤差表示は１００ｍ程度までは画面に出ないのですが、それはご存じない。
浜：ちょっとわからないです。ただ、このとき私はレガシィを目視していますよね。
西：それは知りませんけどね。でも、検索はされていますよね。
浜：私たちは３台の車で追いかけていますので、ほかの車が検索している可能性もあります。
西：いまはＧＰＳの精度の話をしています。現場でレガシィを見ているかどうかはわからないですけど、「まったく、ずれていた」とおっしゃるので、確認しています。
浜：ずれていたとは言っていないですよね。あまり記憶がないんですよ、ずれていたという。

「ずれていたとは言っていない」「あまり記憶がない」。浜本の証言が得られた。精度に関してはこれで十分だった。

警察の「嘘」を突き崩す

西村はさらに位置情報履歴の証拠を突きつけ、「8月6日にレガシィを見失った」という浜本証言の不合理性に攻め入った。実際には、警察はGPSによってレガシィの位置を当然確認できていたはずだが、レガシィを見失ったという体裁を取っていたものと考えられた。

西：2013年8月7日に追いかけたレガシィですけれど、これは、C市にある××××というコインパーキングで発見したのですよね、前日、8月6日の午前に見失った付近を捜索し、7日の午前1時過ぎに発見した。

浜：はい、そうです。
西：発見後、すぐにＧＰＳを取りつけたということですか。
浜：はい、そうです。
西：ただ、レガシィの位置情報履歴を見ると、前日の８月６日の午前６時の時点では、すでにＧＰＳ端末をつけてレガシィの位置情報を検索していますよね。
浜：それは……付近を捜しているのではないですか。
西：付近を捜している？
浜：警察がまだ（ＧＰＳを）手に持っている段階の検索だと思いますけど……。
西：８月６日の午後10時33分に検索し、レガシィがコインパーキングにあるときの位置情報も取得していますよね。
浜：警察官がＧＰＳを車に取りつける前に検索していたのではないですかね。私が、その近くを捜せという指示を出していますので。警察官が手元に持っている段階の検索履歴だと思いますけど。

明らかに、苦し紛れの言い訳だった。西村は、さらに理詰めで追い込んでいく。

西：警察が手元に持っているGPSの位置情報を取得していたということですか？
浜：そうです。
西：何のために。
浜：つけるときに点検しますから、正常に動くかどうか、反応を確認したのではないですか。
西：端末を持っているのですよね。端末を見れば作動しているかどうかわからないのですか。
浜：わかりません。黒いパテで覆っていますから、実際は、検索しなければわからない。
西：8月6日の午後10時33分の履歴ですが、お話をお聞きすると、警察官が持っている位置情報を検索したものということですか。
浜：そう思いますね。
西：ただ、その位置は（レガシィが発見された）C市のコインパーキングを示しているのですよ。
浜：そのあたりは、駐車場がいっぱいあるんです。それで検索しているのでしょう。
西：コインパーキングに入ったけど、レガシィを発見できなかったということですか。
浜：××××に至っていないのではないですか。

西：位置情報がそうなっているのですけどね。

浜：検索しても誤差があるので、そこがそこやということはわかりません。私たちは常に誤差があるという認識があるので。その付近を全体的に捜す作業をしているのです。

西：まず、ＧＰＳが示している位置を捜しますよね。そこに行けば見つかるのではないですか。というか、見つかっていたのではないですか。

浜：だから、それは捜しているのですよ、警察官が手に持って。

西：手に持っているＧＰＳを何度も検索している、そういうことですか。

浜：手に持って、レガシィを見つけたらつけるために検索しますよね。その履歴が残っているだけです。そのときはレガシィを捜しているわけですよ。それで、１時過ぎに見つけて、ここにあったんやということで、それをつけたわけです。

西：レガシィを捜すまでに何度も検索し、その途中に××××コインパーキングにいる位置情報も取得したけれども、それでも捜し続けていただけだと、こういう話ですか。

浜：そうですね。

「手元に持っているＧＰＳ端末を、正常に動くか確かめるために検索し続けていた。しかも、その検索結果では、車両が存在した駐車場が検索されていたのに、車両を見つけられず捜索を続けていた」

不合理性があり得ないレベルに至り、もうこの点に関する質問も十分と判断された。

そこで西村は、少し矛先を変えた質問を投げた。

西：浜本さんの知るかぎり、いつから捜査にココセコムを使っておられるのですか。

浜：今回の捜査ですか。

西：ほかの捜査も含めて、いつから警察の捜査でココセコムを使っているのかと。

浜：それは、本件に関係がないので、差し控えさせてください。

西：関係ないですか。

浜：はい。

西：今も使っておられますか。

浜：それも、ちょっと関係ないので、回答は差し控えさせてもらいます。

西：セコムとの契約は、たしか2005年からあるみたいですけれど、そのころですか、ココセコムを使われたのは。

浜：そこから契約しているならそういうことかもしれませんが、私は把握していません。

西：捜査に使ううえでは、精度はより高いほうがいいのですよね。
浜：そういうことになりますかね。
西：ココセコムの精度が低いのであれば、ほかに変えようという話は出なかったんですか。
浜：契約は私が判断するわけではありませんので、そういう話が出たかどうかわかりません。

突破口

西村に続き、今度は小野が尋問に立った。当初、小野は尋問の担当ではなかったが、尋問当日の25日朝、ふと浮かんだ疑問をメーリングリストに流した。その内容がポイントをついていたので、直接尋問をするように亀石に言われ、急遽《きゅうきょ》の登壇となったのである。

小野（以下、野）：一般論ですが、今回の黒田さんに対しての捜査以外にも、GPSを使った捜査は実際に行われているのですか。
浜：それは、本件と関係ないので。
野：それで、あなた自身は、現在、GPSを使用した捜査はされているのですか。
浜：それも、本件とは関係ないと思いますので。

野：この点に関しては、将来の違法捜査の抑止の観点から必要だと考えておりますので、お答えいただきたいのですが。
浜：今現在使っているかというのは必要ないと思いますので、回答は差し控えます。
ここで、裁判長が尋問に割って入る。浜本に向かって「お答えください」と促した。
浜：今は使ってないですね。
野：今はというのは、過去には使っていたということですか。
浜：過去には、一般論として使っていました。
野：将来、浜本さん、ないし大阪府警がＧＰＳを使用する必要があると判断された場合は、やはり使用予定があるということでよろしいですか。
浜：こういうような事案があれば、あると思いますね。
野：本件以外にもＧＰＳを利用した捜査はあったと証言されましたが、その際に使用された端末はココセコムでしょうか。
浜：同じやつですね、ココセコムです。
野：将来、もしＧＰＳ捜査を行うとすれば、やはりココセコムを使われる可能性は高いですか。

浜：将来のことは、契約の判断を誰がするかわかりませんけども、ちょっとわかりません。

野：ところで、ココセコムに関して、先ほど規約についての質問があったと思います。

小野の言う「規約に関する質問」は、西村の前に尋問に立った小林が行っていたものだ。

小林（以下、林）：浜本さんは、ココセコムの規約内容をご存じでしたか。

浜：読んだことがなかったのでまったくわかりませんでした。

林：今はご存じですか。

浜：今は、こういう公判が多々ありますので、ある程度は頭に入っています。

林：規約の中には、対象物の所有者や管理者の同意を得ることなくGPSを取りつけると契約の解除事由となる、このような定めがあるのですが、今はご存じですね。

浜：はい、聞いたことあります。

林：捜査当時はどうですか。

浜：捜査当時は、そのあたりはまったくわかりませんでした。

林：今回の捜査で、取りつけに当たって、黒田さんらの同意を得たことはありますか。
浜：ありません。
林：規約には、第三者の人権を侵害する行為またはそのおそれのある行為を行ってはならない、こういった記載があるのですが、今はご存じですか。
浜：はい。
林：捜査当時はご存じでしたか。
浜：知りませんでした。
林：無断でＧＰＳを取りつける行為が、少なくとも、その対象者のプライバシーを侵害するおそれがある、このような認識はありましたか。
浜：まったく関係ないところにつけるとなると、そういうことになるというのはありました。
林：まったく関係ない人につけると、そのおそれがある。それはわかっていたのですね。
浜：はい。

小野は、小林の尋問のときの浜本の回答をもとに、尋問を続ける。

野：現在、浜本さんは規約内容についてある程度は理解されているということですか。
浜：ある程度というか、ほとんど把握はしていないですけども。
野：対象車への取りつけに際しては、同意が必要だという点については理解されていますか。
浜：そのへんは、はい。
野：先ほど、裁判の関係もあって頭の中に入っているというお話がありましたよね。浜本さんは１月に、共犯者の大川さんの裁判でも証言されていますが、そのときのことでしょうか。
浜：そうですね。そのときもありますし、去年ぐらいから全国で、そういう問題の裁判が多々ありましたので、そのあたりの絡みで聞いていたと思います。
野：そうすると、浜本さんとしてはいつごろ、ＧＰＳ端末をつける際には対象者の同意を取る必要があると規約に書かれていると把握されたのですか。
浜：去年（２０１４年）の夏ぐらいですかね。
野：昨年の夏以降、ＧＰＳを使った捜査は、浜本さんがされたかどうかは別にして、大阪府警で行われていたのではないですか。
浜：それはちょっと、私はわかりません。

野：浜本さんご自身は、昨年の夏ごろにココセコムの規約を理解されたあとも、GPSの捜査はされていましたか。
浜：していないです、この事件が最後です。
野：相手方の同意を取らずにココセコムを利用することは、必然的に、セコムとの間で規約違反になりますよね。
浜：そうなるのでしょうが、私が契約したわけではありませんので、ちょっとそこまでは。
野：規約の内容として、端末を使うには同意が必要ということを書いてあるわけですね。
浜：はい。
野：でも、あなたがた警察は、同意を取らずに利用しているわけですね。
浜：はい。
野：それは、規約違反と言わないのですか。

小野が核心に斬り込んだ。浜本は、もう逃げられなかった。

浜：……まあ、規約違反になると思いますね。
野：警察は、民間会社であるセコムとの契約に違反しても問題ないという認識なのですか。

浜：まあ、私からすれば、組織がそれは問題ないということで借りたやつを使っているわけですから、そこまで深く考えたことはありませんでした。
野：今、どう思いますか。
浜：今は、ちょっと具合が悪いのではないかと感じてはおりますけど。
野：具合が悪い？
浜：契約違反、厳密にそういうことになるのですから。
野：警察でココセコムを利用する場合、対象者の同意を取りつけないことが前提ですよね。
浜：はい。
野：浜本さん自身もかなり警察のご経験もあるということなのであえてお尋ねしますが、初めから同意を取りつけずに使用することを隠してセコムと契約するのは、問題ないのですか。
浜：私は問題あるのではないかと、今となれば思いますね。
野：目的を隠して契約し、セコムの端末を取得する行為は、詐欺罪には当たらないのですか。
浜：……ちょっと、私には判断できませんね。
野：該当する可能性があるとは考えられませんか。

浜：詐欺罪……そういう形になるかもしれないという感じは、今はしますね。
野：あなたは警察官、公務員ですので、当然、法令遵守義務、それから刑事訴訟法上の告発義務があることはわかっていますよね。
浜：はい。
野：そういった契約違反、あるいは詐欺罪に該当する可能性のあるココセコムの使用について、あなたとしてはこれからどうしたらいいと思っていますか。
浜：私の個人的な意見は、今後ココセコムは使わない感じがします。ただ、契約に関しては、ちょっと私は本当にわかりませんので、そのへんは答えかねますけど、そういう気持ちがあります。

小野の尋問は、ここで終わった。

北風と太陽

「うまいなあ」
亀石は、二人の尋問を聞いて、素直に感嘆した。
理詰めでひたすら浜本を追い込んでいく西村の「ドSっぷり」を北風にたとえるなら

ば、優しく包み込むような問いかけによって浜本の心を開かせた小野の尋問はまさに太陽である。ギリギリと理詰めで追い込む口調によって相手をタジタジにさせ、捜査員の証言が嘘っぽい印象になるように仕立ててから、ソフトな展開によって一気に陥落させたとも言える。

会心の尋問だった。

警察が盛んにアピールしていた「GPSの精度の低さ」については、その信憑性はほとんどなくなった。セコムの規約に違反してGPS捜査を行っていた点を強く裁判官に印象づけられたのもプラス材料だ。弁護士になって5年。亀石は、その5年のなかで西村や小野ら同期たちが弁護士としての経験を積んできたことを実感した。

弁護団の後に裁判長が行った尋問では、その後の裁判の行方に大きな影響をもたらす、重要な証言も引き出された。

裁判長がこう切り出す。

「本件捜査でココセコムを使用するに当たって、裁判官の検証令状を取得したほうがよいというようなことを検討したことはありますか」

この質問に対し、浜本は次のように答えた。

「あると思います。具体的にはあれですけど、検証令状を取れるレベルでないと、（GPSは）つけたらあかんなという話は上司がしているのを聞いたことがあります」

しかし、結果的に警察は検証令状すら取得していない。

「その理由は何でしょうか」

再び裁判長が尋ねる。

「それは、緊急性といいますか、いつつけるかわからないというところがあったでしょうし、警察として、組織として、これは任意捜査であると判断していたので、検証令状を取っていないのだと思います」

警察内部では、裁判所の判断もないうちから任意処分と決めつけていた。抽象的な危険性だけで警察がGPSを取りつけられるのであれば、そもそも裁判所に承諾を得る意味がないということになる。後の弁護活動にとって収穫となる発言だった。

証人尋問で、弁護団の主張を通す突破口となる小さな穴が開いた。その突破口を糸口にどのような成果を生み出すかは、この後に作成する「中間弁論」にかかっていた。

第六章
判決

勾留中の被告人については、保釈を請求することができる。保釈は保証金を納付したうえで、勾留の効力を残したまま執行を停止し、被告人の身体拘束を解く制度である。刑事訴訟法第89条では、「保釈が請求された場合には、重罪や証拠隠滅のおそれがあるなど特定の場合を除き、認めなければならない」と定められている。

捜査機関が証拠収集を完了した起訴後は、原則として被告人には保釈による釈放が認められる。このような保釈制度に対して、「悪いことをしたのだから勾留されて当たり前」「実刑確実な被告人を保釈で外に出すのはおかしい」などと考える人もいるかもしれない。だが、勾留は、被疑事実に対して証拠隠滅の危険性などがある場合にされる身体拘束であって、被疑事実に対しての制裁ではない。仮に被疑者・被告人に対して実刑判決が言い渡されることが確実だとしても、憲法上保障された適正な手続きを受けるまでは、制裁（刑罰）としての身体拘束は許されない。

黒田も、判決が確定していない以上、制裁（刑罰）としての身体拘束はされないため、原則として保釈による釈放が認められるのである。

2013年12月4日に逮捕された黒田は、合計10件の事件で起訴された。亀石は、最後の起訴が行われた日に、黒田の事件を担当する大阪地方裁判所第七刑事部宛に保釈請求書を提出した。理由は「罪証を隠滅すると疑うに足りる相当の理由はない」「身元引受人らにより十分な監督が期待できる」「母親の病状を心配している」「身辺整理等をする必要がある」である。黒田の家族が身元引受人になった。

これを受け、検察官は即座に保釈請求を却下するよう意見書を提出した。黒田が粗暴な点、かつて長期10年に当たる罪の有罪宣告を受けている点、犯罪の常習性を有している点、罪証隠滅のおそれがあることなどが理由だった。

裁判所は、2014年10月29日付で保釈請求を却下した。「常習性および罪証隠滅のおそれ」がその理由である。弁護団は11月6日、再度、保釈請求書を提出する。これに対して、ふたたび検察官は請求を却下すべきとの意見書を出し、保釈請求も再度却下される。年が明けた2015年1月9日、3月25日と、弁護団は保釈請求を重ねた。だが、結果はすべて同じだった。

亀石は、納得できなかった。そもそも、黒田は公訴事実すべてについて「争わない」と明言している。争うのは警察の違法捜査についてだけだ。おまけに、その違法捜査の証拠はすべて警察が握っている。弁護団が請求しても出てこない証拠を、黒田がどうやって隠滅できるというのか。

日本の裁判は、黒田のように罪状は認めていても、何らかの争点がある場合、保釈が認められない傾向がある。俗に「人質司法」などと呼ばれている。「外に出たかったら罪を認めろ」「無駄に争うな」という無言の圧力になっている。

保釈

当初は気丈だった黒田も、少しずつ揺れ始めた。

「外に出たいです」

しばしば、そう口にするようになった。こうした事態は、ある程度予測できた。黒田は、リスクを引き受けたうえで争うことを決めたはずだ。なのに、実際になかなか保釈が認められずにいると、次第に心の均衡にほころびが生じてくる。

「どうして今回は却下されたんですか？」

「次はいつ保釈請求してくれるんですか？」

「次こそはいけますよね？」

明らかに、黒田は苛立っていた。この事件を最初に高山弁護士に依頼してきた関係者も、高山を通じて圧力をかけてくる。

「黒田の弁護人は大丈夫なんですか？　保釈を何回請求しても却下されるような弁護士じゃダメだ。こうなったら高山先生がやってくださいよ」

高山は、亀石の防波堤として毅然とした態度を取った。

「亀石が一生懸命やってダメならば、私がやってもダメですよ」

そうは言いつつも、遠慮がちに様子をうかがいにやってくる。

「亀石さん、どうなの……保釈？」

弁護人として、やるべきことはやっている。保釈が却下される理由もわからない。黒田の気持ちも痛いほどわかる。それだけに、亀石は辛かった。


合議体で事件を担当していた三人の裁判官のうち、二人が一気に代わった。定期異動によって、裁判長と右陪席が新しい裁判官になったのだ。亀石は、そのタイミングでふたたび保釈請求を試みる。保釈が認められるべき理由を増やし、新しい裁判官に訴えかけた。5月1日、裁判所は保釈許可決定を出した。保釈金は350万円。検察官は即日「抗告の申立」（裁判所の決定や命令に対する不服を上級裁判所に申し立てること）と「裁判の執行停止」を求めたが、裁判所が抗告を棄却したため、保釈が確定する。黒田は、2013年12月4日の逮捕以来、1年5ヵ月ぶりに外の世界に戻った。

中間弁論

第4回公判は2015年5月15日に開かれた。この日のメインは、成城大学教授の指宿信の証人尋問である。遡ること約1年前の2014年6月、亀石がフェイスブックを通じて意見書を依頼したが、指宿は90ページにも及ぶ詳細な意見書を作成してくれたのだった。

ところが、である。弁護団は2月にこの指宿の意見書を証拠として取り調べるように請求したが、これに検察官が強く反対した。「本件で使用されたGPS端末の性能および使用方法は、指宿が前提とする高精度のものとは全く異なるものであるから、誤った前提に立っている」と主張、指宿の意見書は、本件とは関連性がなく、証拠として取り調べる必要性もない、というのである。

弁護団は、この検察官の抵抗をあらかじめ想定しており、次なる一手として、意見書の証拠調べ請求を撤回しつつ、作成者である指宿の証人尋問を請求した。意見書のような「書証」による立証に検察官が反対した場合は、その書証の作成者の証人尋問を行うのが通例だ。証人尋問であれば、検察官にも反対尋問をする機会が与えられ、証言内容を弾劾できる可能性が出てくる。

だが、検察官は指宿の証人尋問の実施にも強く反対した。指宿に関しては、意見書の内容以前に本件への関連性がなく、証拠として取り調べる必要性がないという主張である。こうなると、あとは裁判所が職権で証人の採否を判断するしかない。

はたして3月4日、裁判所は指宿の証人尋問を採用する決定を行った。


指宿の証人尋問は異例の方式で行われた。通常、証人尋問は一問一答で行われるが、指宿は、まず60分間のプレゼンテーションを行い、その後に弁護人からの主尋問、検察官からの反対尋問、裁判所からの補充尋問を、それぞれ15分程度受ける――という方法を採った。GPS捜査の法的性質に関する90ページもの意見書の内容を裁判所に理解させるには、この方法がベストだと判断した弁護団の戦略だった。

指宿は、具体的な事例を挙げながら、最高裁における他の捜査手法に関する先例に照らしてみても、GPS捜査の特質からみても、GPS捜査を強制処分ととらえることは十分に正当化できることを説得的に論じ切ったのだった。


2015年5月15日に証人尋問が終わると、裁判所は「中間論告」「中間弁論」の提出を求めた。提出期限は5月29日。わずか2週間の猶予である。

中間論告は、検察官が主張する内容の総まとめ、一方、弁護人が主張する内容の総まとめが中間弁論である。裁判所は、中間論告・中間弁論も踏まえて証拠の採否を決定する。

これまでに提出した予定主張記載書面をつなぎ合わせたものが弁護団の主張となる。その主張を立証するために、公判で書証の取り調べや証人尋問を行った。実際の作業としては、予定主張記載書面をベースに、公判で行われた書証の取り調べと証人尋問で得た証言を重要な証拠としてあますところなく盛り込んでいく。ただし、わずか2週間でこの作業を行わなければならない。

弁護団は、メーリングリストをフル活用し、弁護団会議を重ねた。公判調書に書き起こされた証人尋問の内容を各自が精読し、証人の発言を、弁護団の主張を裏づける証拠として引用できるのではないか、大事な証言を見落としていないかなど、議論を行った。

そもそも、証人尋問は予定主張の内容を念頭に置き、弁論に盛り込むことを前提に質問が練られている。したがって、証人尋問で得られた証言は無駄なものがないはずだった。小林と西村はGPS捜査の違法性について、亀石と我妻は泳がせ捜査と追尾監視型捜査の違法性について、そして舘と小野は違法収集証拠との密接関連性について、それぞれが自分の担当するパートを書き込んでいく。

中間弁論までは、論点を抽象的に書くことが許された。しかし、証拠調べの後はその結果を盛り込むので、より具体的に書かなければならない。弁護団の証人尋問は、非常に有効な証言を引き出した。次はそれをどのように有効活用するかだ。

GPS捜査が強制処分であって、違法であるから、これによって得られた証拠をすべて排除するという判断を下さなければ、著しく正義に反するとの認識を裁判所に持ってもらうにはどうすればいいか——裁判所に訴えかける「情緒的」な言葉が必要だと弁護団は考えた。

中間弁論には法律的な理屈ばかりを並べるのではなく、裁判官の琴線に触れるような言葉を選ぶべきだ。その観点から、この部分の担当は亀石が引き受けた。普段から刑事弁護に取り組み、裁判員裁判で一般市民である裁判員を説得する弁論を行う亀石と我妻以外の四人は、理屈についての文書には滅法強いが、情緒的な文章にはあまり慣れていなかったこともある。

裁判所に対して「これは歴史的に重要な裁判だ。だから、正しい判断をしてほしい」という趣旨を情緒的に伝えるためのケースとして亀石が選んだのは、１９２８年に最高裁判所の裁判官として世界で初めてプライバシー権を認めた、アメリカのルイス・ブランダイスの言葉だった。

【憲法の創設者は、政府に対抗するものとして、独りにしておいてもらう権利、すなわち最も文明的な権利であり、文明化された人によって最も評価されてきた権利を付与した。この権利を保障するため、個人のプライバシーに対する政府のいかなる不法な侵害も、それがどのような手段を用いたものであれ、（不合理な捜索や逮捕押収を禁じた）修正第4条に違反することになる。そして、そのような侵害によって確定された事実を刑事手続きにおける証拠として用いることは、（正当な法の手続きによらない刑罰を禁じた）修正第5条に違反することになる】

亀石は、これらを盛り込んだ文章を締め切り2日前の5月27日に書き上げ、メーリングリストに載せた。弁護団のメンバー内でさまざまな意見が飛び交った。

《個人的には、裁判所のご判断にかかっている、みたいなフレーズもあればよいかなと思いました》（西村）

《裁判所を勇気づける趣旨で言うと、何も大それたことを判断するわけではないよ、と言ったらどうかと思います。たとえば「あえて新しいプライバシーを創設する必要はなく、ようやく確立された基本的人権たるプライバシーに対して、必要な保護を与えるべく適正な判断をすることが求められている」とか。それから、どこかに「捜査機関の隠匿性に鑑《かんが》みれば、本件捜査は氷山の一角で、それに歯止めをかけなければ、利便性、有用性ばかりが重視され、知らぬ間にプライバシーが侵害される社会が形成されてしまう」と書いたらどうかと思っています。止められるのは今しかなくて、あなたたちしかいないんですよ、ということを伝えたいな》（舘）

《舘くんの書いた二点目は、僕もいいと思いました。今回のような捜査を無条件で許容するならば、行き着く先は監視社会。そのような社会で誰も生活したいと思わないだろう、みたいなニュアンスはいかがでしょうか》（小林）

亀石は弁護団から出たさまざまな意見を聞いたうえで一晩熟考し、中間弁論の締めくくりを次のように記したのだった。

【今、この裁判で、新たな捜査手法とプライバシー保護のあり方が問われている。犯罪捜査において、対象者の行動を常に監視できるＧＰＳは、極めて有用な技術である。しかし、その利用には何の歯止めもない。この裁判で示される判断は、科学技術の発展がもたらした「監視社会」の行く末を左右する。私たちのプライバシーは、これからどうなってゆくのか。社会は、この裁判に注目している。「最も文明的な権利」であるプライバシーの未来のために、時代にふさわしい判断が求められている】

ギリギリの執筆

中間弁論は、各自が書いたものを統合し、一つの書面にまとめていく。ただ、それぞれに文章のスタイルがあり、習慣があり、クセがあった。目次、タイトル、小見出し、言葉づかい、略語などにも統一性がなかった。館は、そういうほころびが気になる質《たち》だった。そこで、略語を統一するための一覧表をつくった。「文章に統一性をもたせるのは館の仕事」という雰囲気が醸成されつつあった。さらに、誰かが言った「(中間弁論に)目次があったほうがいいよね」という提案に対して、館は迂闊《うかつ》にも「そんなの簡単だよ」と自ら墓穴を掘るような言葉を発してしまう。

「じゃあ、目次も館くんお願いね」

内心では「しまった」と思いながら、館は必死の抵抗を試みた。

「いやいやいやいや、やり方は教えるから、各自でやってよ」

だが、このメンバーが「はい、そうですか」と言うわけがなかった。

「だって、時間がないから」

理由にならない理由で押しつけようとする。調べたり、考えたり、生み出したりする行為には夢中になる面々だが、面倒で単調で膨大な作業はやりたがらなかった。

「いやいや、それは俺だって同じだよ」

なおも抵抗を続ける館だが、亀石にとどめを刺されてしまう。

「でも、館くんお願い!」

頼まれると嫌とは言えない性格が災いし、結局、目次作成も含めた文書の統合作業は、地道な業務が得意だと自他ともに認める舘の担当となった。書面の締め切りの日、舘はほかの仕事をいっさい入れず、メンバーの書面が上がってくるのをひたすら待った。体裁を整えるだけでなく、わかりにくい点や問題点があれば個別に質問して修正する。この作業を一日がかりで対応した。かなり骨の折れる仕事だ。積極的にやりたいわけではなかったが、やる人がいないなら自分がやるべきだという意識もあった。

中間弁論提出期限の5月29日、ギリギリまで修正に時間をかけた舘は、夕刻になって亀石のもとに直接書面を持ち込んだ。亀石は主任弁護人として印鑑を押すと、今度は自ら裁判所に持ち込んだ。

《みんなありがとう。みんなのおかげで無事提出できました。本当にありがとう。6月5日にまた焼肉行こうね！　思えば、始まりも焼肉だったよね》

亀石のメーリングリストへの投稿をきっかけに、弁護団は強い思いを表現した。

《みなさま、お疲れさまでした。負ける気がしません。焼肉、賛成です》（小林）

《お疲れさまでした。はじめはダメ元な感じで遠い目標でしたけど、徐々に距離を詰めて、現実的な期待が持てるところまでたどり着けましたね。タン食いたい》（西村）

《ありがとうございました！　焼肉、当然参加です》（舘）
《6月5日、焼肉に行きたいのですが、その日の夕方は先約が入ってしまっております。ぜひみなさまで祝杯をあげてください》（小野）
《小林も当然参加です。小野ちゃん、無罪獲得後にまた行こうよ》（小林）

証拠排除

弁護団が口にした「6月5日」。この日は、この裁判において、ある意味で判決よりも重要な「証拠採否決定」が行われる日だった。

刑事裁判では必ず証拠採否決定が行われる。

検察官は、公判期日に「証拠調べ請求」を行う。証拠を調べるのは裁判官なので、検察官が裁判官に「証拠調べを請求する」という意味だ。それに先立って検察官は、弁護人に対して請求する証拠を開示する。多くの事件では、第1回公判が行われる前に、起訴状に記載された公訴事実に対する被告人の認否や、検察官が請求する証拠に対する弁護人の意見を裁判所、検察官および弁護人が確認しておく。弁護人が「同意します」「異議ありません」と言えば、裁判官はたいてい「採用して証拠調べをします」と証拠採用決定を宣言し、その段階ではじめて検察官が裁判所に採用された請求証拠を渡す。

しかし、この裁判ではそれほど簡単には済まされなかった。検察官が請求した証拠のほとんどは、令状のないGPS捜査という違法な捜査によって収集された違法収集証拠であるから証拠能力がない——弁護団はそう主張している。弁護団の主張通り、証拠能力がない証拠が幅広く排除されれば、自白以外に黒田の犯罪事実を立証する証拠がなくなるから、前述した「補強法則」によって無罪の可能性も出てくる。

ここに至るまでには、何段階かのステージがある。

①GPS捜査が違法かどうか
②違法であるとして、その程度は重大か
③違法収集証拠として排除される証拠はどの範囲か
④それらを除いて採用された証拠に基づいて、公訴事実が認定されるか
⑤公訴事実が認定され、有罪とされた場合は量刑が決定される

証拠採否決定に期日が取られ、かつ判決と別の日に設定されるのは、証拠の採否に争いがあり、その判断が重要な法律問題を含む場合などである。たとえば、今回のように捜査の違法性を主張して、違法収集証拠の排除を求めるようなケースだ。

6月5日。その日は、弁護団結成のきっかけとなった焼肉屋での食事会から、ちょうど1年だった。証拠採否決定の舞台は、大阪地方裁判所の大法廷が指定された。

その3日前の6月2日、亀石のもとに大阪地裁から電話が入った。テレビニュース用の廷内撮影があるので、いつもより10分早く入廷してほしいという内容だった。翌3日、共同通信・朝日新聞・NHKほか大手メディア各社から、証拠採否決定についての見通しに関する電話取材が入った。社会がこの決定に注目している――弁護団は、1年にわたって取り組んだ弁護活動に手ごたえを感じた。

5日。この日も、傍聴席はマスメディアと警察官で満席だった。事前に裁判所から「(決定は)2時間にわたって読み上げる」と伝えられた。時間が長くても結果が良いとは限らない。証拠が排除されるのか。されるとしたら、どれだけ排除されるかが焦点となる。

法廷では、弁護団が前後二列に着席した。

午前9時50分、裁判官が入廷する。

すぐに廷内撮影が始まった。ビデオカメラによる2分間の撮影中、廷内は静まり緊張感が高まっていく。書記官の「時間です」の声とともに、撮影クルーが廷内から退場していった。

「開廷します」

裁判長の声で公判が始まった。

「被告人黒田行男に対する窃盗、建造物侵入、傷害被告事件について、当裁判所は次の通り決定します。……主文」

裁判長が手元を見ながら読み上げる。

「一。検察官請求の証拠番号甲第七号証、第十八号証、第二十六号証——」

その声を聞いたとき、亀石が反応した。

(ん？　これは……)

後列右端に座る我妻は、左隣に座る小林に耳打ちされた。

「これは、却下される証拠があるね」

飛ばされた証拠があることに、我妻もすぐに気づいた。

「——乙第一号証、第二号証……第三十号証をいずれも証拠として採用する」

亀石はこのとき、検察官が請求した証拠を一覧表示した「証拠関係カード」を見ながら聞いていた。最初に読み上げられた甲第七号証の前には、甲第二号証、甲第三号証がある。違法収集証拠として異議を申し立てていた甲第一号証と甲第四号証から第六号証は、証拠採否決定の前に検察官が証拠請求を撤回していた。同じく異議を申し立てていた甲第二号証、甲第三号証が読み上げられない、つまり、採用される証拠に入っていない。証拠排除の可能性が限りなく高まったことになる。

証拠として採用された甲第七号証は、犯行状況などに関する共犯者の供述調書だ。第十八号証も第二十六号証も、同じく供述調書である。裁判所が、ＧＰＳの使用とは無関係の供述調書だけを証拠として採用する意図があることは明らかだった。

（と、いうことは……？）

亀石は、次の言葉を待った。裁判長は、続けて採用しない証拠番号を読み上げた。

「二。検察官請求の証拠番号甲第二号証、第三号証、第十四号証ないし第十七号証――」

裁判長が読み上げる証拠番号を聞きながら亀石の期待は高まった。

（マジか……）

裁判長の読み上げは続く。

「――第六十九号証ないし第七十一号証の各証拠調べ請求を、いずれも却下する」

裁判所は、弁護団の主張通り、証拠の一部排除を判断したのである。

亀石は、喜びを噛みしめた。

（やった……）

亀石の感覚では、刑事裁判で弁護側の主張が認められるケースはかなり稀だ。前日までは強気の発言を繰り返していたが、内心は不安でいっぱいだった。その年1月の共犯者の裁判では、まったく逆の判断が出ている。裁判長の口から判断を聞くまでは、亀石の不安は消えなかったのだ。


（お、認められた！）

そう反応したのは小野だった。証拠排除は、後述する通り、重大な違法かつ排除が相当という二つの要件が必要になる。したがって、排除が認められるのは、「警察官が裁判所で嘘をついた」といったケースなど、かなり悪質な事案が多い。排除が認められたのは画期的とも言えた。

舘は、自分で苦労して作成した「ツリー」を見ながら主文を聞いていた。読み上げられる証拠番号をツリー上で追いながら、欠けている部分を確認していた。

（すごいことになった！）

これだけの証拠が排除されるとは想定していなかった舘は面食らった。証拠排除は司法試験の勉強の中でしか登場しない事例だった。

（よしっ！）

小林も、喜びを表現した。裁判長が主文を読み上げている間は検察官の顔をじっと見ていた。証拠排除されること自体が重要だと思っていた小林は、排除の範囲にはあまり興味がなかった。それよりも、検察官が「えーっ？」という顔をするかどうかに関心があった。しかし、検察官もプロフェッショナル。動揺する素振りも見せなかった。

西村も、証拠の一覧は見ていなかった。証拠が一つも排除されない可能性もあるなか、想定よりはるかに広範囲の証拠が排除されたので、この結果を驚きをもってかみしめた。

前列の中央に座っていた西村は、証拠排除が言い渡された瞬間、左に座る亀石と目が合った。互いに無言で喜びを伝え合うと、すぐに無表情に戻った。刑事裁判では、法廷で笑顔や白い歯を見せてはいけないと教わった。自分にとってはどんなに嬉しい結果でも、表情一つ変えずに聞かなければならない。そもそも、証拠排除の決定に対して、西村はほかのメンバーに比べて少し温度が低かった。自分の担当した強制処分の判断を勝ち取らない限り、自分がこの裁判に関わった意味がないと思っていたからだ。

強制処分

主文の読み上げを終えた裁判長が話を続けた。

「主文は以上の通りです。以下、理由を述べます」

西村が挙げたGPS捜査の法的性質について、裁判長は次のように述べた。

「本件GPS捜査は、その具体的内容を前提としても、目視のみによる捜査とは異質なものであって、尾行などの補助手段としての任意捜査であると結論づけられるものではなく、かえって、内在的かつ必然的に、大きなプライバシー侵害を伴う捜査であったというべきである。

GPSの密行性から管理権者の承諾を得ることができないのであれば、令状の発付を受けて私有地に立ち入るべきであり、少なくとも、管理権者の包括的承諾に疑義のある場所に立ち入ってGPS端末の取りつけ、取り外しを行っている点においても、本件GPS捜査には管理権者に対する権利侵害がある可能性を否定し難い。

したがって、本件GPS捜査は、対象車両使用者のプライバシー等を大きく侵害することから、強制処分に当たると認められる。なお、本件GPS捜査によって得られた位置情報が、公道上に存在する対象車両使用者に関するもののみであったとしても、本件GPS捜査にかかる前記の特質に照らせば、この結論は左右されるものではない」

大阪地方裁判所は、日本で初めてGPS捜査が令状の必要な強制処分であると判断したのである。さらに、裁判長は違法収集証拠について言及したとき、次のように述べた。

「本件GPS捜査は、令状主義の精神を没却《ぼつきやく》するような重大な違法があり、これにより得られた証拠およびこれと密接に関連する証拠である主文二掲記の各証拠を証拠として許容することは、将来における違法捜査抑止の見地からして相当でないものといえるから、これらの証拠能力は、いずれも否定しなければならない」

ここで「令状主義の精神を没却するような重大な違法」という耳慣れない表現が出てくる。1978年の最高裁判例で、違法捜査があった際に証拠を採用しないケースとして、「令状主義の精神を没却するような重大な違法」という言葉が使用された。つまり、違法捜査を判断するときの教科書的な文言であり、違法の程度に関する最大級の文言である。逆に言えば、最大級の文言が使われるほどの違法捜査でなければ、証拠が排除されることはない。弁護団側にとってみれば、まさに「もっとも欲しかった言葉」だったのだ。

しかしながら、弁護団の主張が退けられた部分もある。そもそも弁護団が排除を申し立てたすべての証拠が排除されたわけではない。

主張についても認められない点があった。

「本件GPS捜査は、携帯電話機などの画面上に表示されたGPS端末の位置情報を、捜査官が五官の作用によって観察するものであるから、検証としての性質を有するというべきである。そうすると、検証許可状によることなく行われた本件GPS捜査は、無令状検証の誹《そし》りを免れず、違法といわざるをえない。

検証許可状を請求して司法審査を受けるいとまが十分にあり、そのほか令状請求に何ら支障があったわけではないのに、これを怠ったまま長期間にわたり無令状で本件GPS捜査を続け、そのような検討をも怠った点は、警察官らの令状主義軽視の姿勢の現れと評価せざるをえない」

弁護団は、令状については新たな立法が必要だと主張した。しかし、裁判長は検証許可状、つまり既存の令状で可能だと判断した。検証は「五官の作用を用いて認識する」という非常に曖昧な定義がされており、その運用は現状でもブラックボックス化されている。そんな検証許可状でGPS捜査を可能にしてしまえば、警察の恣意的な運用は止められない。

その日の証拠採否決定は、検察官・弁護人双方が異議を唱える「双方異議」で幕を閉じた。その日の夜に行われた弁護団の打ち上げは、大阪「にくや萬野」での焼肉だった。新たな立法が必要という判断こそ得られなかったが、何よりも重視していた強制処分の判断を引き出せたし、違法収集証拠に関して証拠排除を勝ち取った勢いで、食事会は祝勝会的な雰囲気になった。

その日の夕方から、証拠採否決定に関する報道が流れ始めた。だが、一部メディアの論調に弁護団は違和感を覚えた。その日、彼らがやりとりしたメーリングリストにもその違和感のようなものが現れている。

《単に「専門家の意見が二分している」という論調や、警察の言い分を紹介して理解を示すような論調が気になります》(西村)

《そうそう。「専門家によって判断が分かれる」とか報道されているけど、違うよね。取りつけていた期間とかに関係なく、GPSの性質そのものがプライバシーを侵害する高精度のものだって理解してもらわないといけないね。警察庁が「地裁の判断が分かれているから、当面運用は変えない」って言ってるらしい》(亀石)

《我々はGPS捜査を否定しているわけではなくて、令状を取得してルールにのっとってやってくださいって言っているだけなんで、捜査よりも犯罪者のプライバシーを優先するのかという誤解も解く必要がありますね》(西村)

《そうそう。僕らはGPS捜査の有用性や必要性は何も争っていないわけで。短時間で理解させるのは困難ですが、トライしましょう！》（小林）

判決の日

6月19日、最終弁論の期日を迎えた。

検察は「職業的窃盗団による計画的で大胆かつ手慣れている犯行は極めて悪質、起訴された事件は氷山の一角、その常習性は際立ち、再犯のおそれは強く、被害者が被告人らを厳罰に処することを望んでいる」との理由から、懲役7年を求刑した。

それに対し弁護団は、重大な違法で得られた証拠に基づく公訴提起は無効であり、棄却されるべきだと訴えた。続く「重大な違法捜査と量刑」についても力を込めて訴えた。

「捜査の過程において、令状主義の精神を没却するような重大な違法があった場合でも、結局被告人が有罪となり、違法捜査の存在が量刑上何ら考慮されないとすれば、捜査機関は何の痛みも感じません。黒田さんが、自分に対して行われた捜査の違法性を争ったのは、刑を軽くするためではありません。かえって手続きが長引き、勾留期間は1年5ヵ月に及びました。それでも裁判所に判断を求めたのは、警察は何をしても許されるのかという不公平感からでした。黒田さんに対して重大な違法捜査が行われたことは、量刑上、適切に考慮されるべきです」

泳がせ捜査によって犯さなくてもいい罪を犯した責任の一端は捜査機関にもあり、GPS捜査によるプライバシー侵害によって重大な権利・利益の侵害を受けた被告人に対する量刑は軽減されるべきという主張だった。


公判は、いよいよ最終局面を迎える。7月10日、判決の日である。

この裁判は証拠採否決定が山場であり、判決は黒田の量刑が何年になるかが粛々と示される場とも言えた。弁護団は公訴棄却を訴えたが、現実問題として黒田らが窃盗の罪を犯した点は変えられない。違法収集証拠を排除しても、採用された証拠で有罪にできる。違法捜査が量刑に影響するのは妥当だとしても、公訴棄却、あるいは無罪になる可能性はほとんどない。

裁判長が判決を述べていく。

「黒田行男に対する窃盗、建造物侵入、傷害被告事件について、当裁判所は検察官並びに弁護人出席のうえ審理し、次のとおり判決する。主文。被告人を懲役5年6ヵ月に処する。未決勾留日数中、400日をその刑に算入する」

検察官の求刑7年に対し、裁判所は5年6ヵ月という判決を言い渡した。約1年5ヵ月の勾留期間のうち、1年1ヵ月相当となる400日はすでに服役したのと同じ扱いにされた。実質的な服役期間は4年5ヵ月となる。

「以下、理由を述べます」。裁判長は、手元の文書を読み上げ始めた。

黒田が起訴された10件の公訴事実、そして採用された証拠の内容も一つひとつ丁寧に読み上げ、量刑算出の根拠となった罰条などを明示した。さらに、争点に対する裁判所の判断に言及したのち、量刑の理由を読み始めた。問題はここからだった。

「なお、弁護人は、重大な違法のある本件GPS捜査が行われたことを被告人に有利な情状事実として考慮すべきである旨主張するので、以下検討する」

裁判長は、弁護団の主張に対する裁判所の見解を語り始めた。

「本件GPS捜査には、令状主義の精神を没却するような重大な違法があるものの、量刑の根幹は、犯した罪の重さに見合う刑を量定することにあるところ、捜査の違法は、本件各犯行の違法性や被告人の有責性に対し、何らの影響も与えないのであるから、本件GPS捜査の違法は、被告人の行為責任には影響し得ない。また、犯罪の特別予防の見地からしても、本件GPS捜査の違法を量刑上考慮することは、被告人の更生可能性に直結するものではない。すなわち、重大な違法のある本件GPS捜査が行われたことを、行為責任や犯罪予防の観点において、量刑上考慮することはできない。

当公判廷において、既に、検察官請求証拠のうち相当数が違法収集証拠又はその派生証拠として証拠能力を否定され、証拠調べ請求が却下されている。本件以外にはGPSを使用した捜査を違法と判断した裁判例は見当たらないことをも考慮すれば、今後もこのような違法捜査が続けられれば別論、現時点では、証拠調べ請求の却下に加えて、本件GPS捜査の違法を理由に被告人に対する量刑を軽くすることが正義や公平に適《かな》うとはいい難い。

本件GPS捜査は、著《いちじる》しい暴力や甚だしい屈辱的取り扱いなど、令状発付を受けて適切に行うことができず、およそ法の許容しない性質の人権侵害がなされたものではない。そうすると、正義や公平の見地からして、本件GPS捜査の違法を量刑上特に考慮すべきものとは言えない」

この言葉を最後に、裁判官が退廷した。長い裁判は終了した。

80点の出来

弁護団としては、裁判長が発した「量刑上考慮しない」という判断は、想定の範囲内とは言えなかった。判決の2日前、記者クラブから亀石に連絡があり、判決言い渡し後の記者会見の申し入れがあった。そのため、弁護団は、メーリングリストを使ってメディア向けのコメントを考えていた。そのやり取りをみると、「量刑上考慮される」という前提でコメントを考えていたことがわかる。

《「公訴が棄却されず残念だけれども、違法捜査の存在が量刑上適切に考慮されたことは評価したい」という感じでどうかな？》（亀石）

《適切な判決である、ぐらいでしょうか。べつに評価するほどではないと思います。たぶん、量刑上考慮されるでしょうから》（小林）

「GPS捜査は、強制処分だから違法」という結論は得られた。この違法によって集められた証拠も排除された。だが、GPS捜査という違法捜査があろうとなかろうと、裁判所は「懲役○年」という判決を言い渡し、裁判は終わってしまう。弁護団にとっては、法的性質の面で有益な結論が得られたが、被告人にとってはただ単に身体拘束が長引き、裁判に1年以上の時間を費やし、普通に裁判をしたときと変わらない量刑を与えられた。GPS捜査の違法性を争ったことは、刑事訴訟学会や法曹界には大きな意味を持ったが、量刑だけを考えれば被告人にとってはメリットが生まれなかったと言える。

記者会見の席で、亀石は怒りを込めて裁判所を批判する言葉を述べた。

「証拠を排除したって、結局、残りの証拠で普通に有罪にして、普通の量刑を科しています。令状主義の精神を没却するような重大な違法が行われようと、このような普通の量刑が言い渡されるなら、捜査機関は何の痛みも感じず、また同じことを繰り返すかもしれません」

だからといって、控訴することにはためらいがあった。控訴審でも、ＧＰＳ捜査が強制処分であるという判断が維持される確証はなかったからだ。

弁護団として控訴審で争うとすれば「ＧＰＳ捜査が検証許可状で可能」という部分、そして、証拠排除が満額回答の１００％ではなく50％にとどまった点だ。しかし、検証許可状ではなく新たな立法という判断にもっていくのは、かなり難しい。１００％の証拠排除も同じぐらいに困難だろう。

弁護団としては、１００点満点ではないが、ほぼ80点の出来という認識があった。無理をして控訴したばかりに、控訴審で自分たちが主張したものと違う判断になったら元も子もない。

もちろん最優先されるべきは被告人の意向である。もともとこの訴訟は「警察ってそ、い、い、い、ん、なことまでやっていいんすか？」という黒田の思いから始まっている。多少不満なところがあっても、この決定をこのまま確定させたほうがいいのではないか——弁護団はそう考えた。

だが、黒田の考えは弁護団とは異なっていた。

第七章

後退

判決の日の夜、弁護団の打ち上げは定番の焼肉ではなくイタリアン・レストランで行われた。亀石はいつもより値の張る洒落た店を選んだ。一審の判決が確定し、弁護団の活動も終わる。この日の打ち上げを弁護団の「解散式」にするつもりだったのである。

いつものメンバーでいつもの修習生時代の昔話をして心の底から笑いあった。

「何だよ、あのフツーの判決は！」

亀石は、裁判所の判断にキレたフリをしてみせたが、本気で怒っているわけではなかった。

「黒田さん……控訴するって言うだろうか」

亀石の言葉に、それぞれが反応する。

「もし控訴したら、控訴審でどういう可能性があるんだろうか？」

「強制処分という判断まで、変えることはできるのかな？」

刑事訴訟法第402条に、被告人が控訴をした場合、原判決（現在審理中の一つ前の段階で出た判決）より重い刑を言い渡すことはできないという条文がある。被告人、つまり弁護側が控訴すれば、5年6ヵ月という量刑がそれ以上重くなることはない。ただ、証拠採否決定で排除された証拠や、GPS捜査が強制処分であるという判断が変わってしまう可能性はあるのか、ないのかについては、確たる知見がなかった。

弁護団で議論した結果、「量刑さえ変えなければ、任意処分になる可能性は否定できない」という結論に達した。強制処分が任意処分に変わる、そのうえで5年6ヵ月という量刑は維持される——控訴には大きなリスクが伴っていた。

「でも、なんだかんだ言ったところで、黒田さん次第だよね」

控訴に関する話は、そこで打ち切られた。打ち上げはふたたび修習生時代の昔話に戻り、弁護団の面々にも屈託のない笑顔が戻った。

「控訴してください」

判決が出ると、被告人に認められていた保釈の効力が切れる。黒田からは、一審の判決が出たらすぐに再保釈請求をするよう依頼されていた。再保釈許可決定が下りたら、もうしばらくは外の世界にいられる。2週間の猶予が与えられた控訴期限まで考えることができる。亀石は判決が出た日に再保釈請求を提出。即日、再保釈許可決定が裁判所から出された。


「控訴してください」

電話で意思確認をすると、黒田は即答した。

「認められなかったところを、ぜんぶ争ってください」

一審で認められなかった主張とは、以下の三点である。

1・泳がせ捜査の違法
2・追尾監視型捜査の違法
3・公訴棄却

一審で証拠排除されなかった証拠についても、すべて排除するよう改めて求め、仮に有罪であるとしても、違法捜査の存在を量刑上考慮するよう改めて主張することになるだろう。

GPS裁判の発端は、黒田が「警察ってそこまでやっていいの？」と義憤を感じたことだった。だがこの時点では、黒田の要望は、より具体的で強いものに変わっていた。控訴すれば、GPS捜査の法的性質に関する判断が、強制処分から任意処分に変わってしまう可能性があった。GPS捜査は強制処分であるという一審の判断を確定させることにも大きな意義があったが、亀石は黒田の申し出を断るつもりはなかった。前述したように刑事訴訟法上、検察側が控訴せず、被告人だけが控訴した場合、原判決の刑より重い刑を言い渡すことはできないことになっている（不利益変更の禁止）。控訴しても、黒田にとって直接の不利益になることはない以上、弁護人が翻意させる理由はない。量刑をもう少し軽くしたいと考えるのは、被告人としては自然な感覚だ。刑事弁護人は、どうすれば実現できるかを考えなければならない。

「わかりました。お引き受けします」

亀石も即座に答えた。

「ただ、一審で認められなかった点を争っても、黒田さんが無罪になるとか、量刑が下がるというのはほとんど期待できません。もし、量刑が変わる可能性があるとしたら、現実的には被害弁償をすることだと思います」

窃盗団が盗みに入った被害者は、事業として店舗を営んでいるところがほとんどだ。盗難保険に入っていれば被害額は補塡される。警察が被害品を返却していたこともあり、被害は一定程度回復されてはいた。

とはいえ、休業を余儀なくされたり、捜査に協力するための時間をとられたりするなど、目に見えない被害や精神的な苦痛は甚大だ。謝罪や被害弁償をして、少しでもお詫びの姿勢を示す必要がある。それだけが、黒田の量刑を下げる唯一の可能性だった。

「黒田さん、誠心誠意、被害弁償をやりましょう。できるだけお金を用意できますか」

控訴審

黒田の控訴を引き受けた日の夜、亀石は弁護団の面々にメールを入れた。

《黒田さんから依頼された控訴を引き受けました。一審で認められなかった点を控訴審でも主張するつもりだけど、難しいかもしれない。私はできるだけ被害弁償をすることが大事だと思っています。みんなも引き続き控訴審の弁護人になってくれますか？》

弁護団の返信を待つ間、亀石は覚悟を決めていた。

「控訴して任意処分にされたら目も当てられないから、僕はやめておきますよ」

「黒田さんとの関係で、亀石さんが断れないのは仕方ないと思うけど、僕は何の義理もないので、申し訳ないけど降りますね」

そんな返事もあるかもしれないという不安は、一瞬の杞憂に終わった。

《ありがとうございます！　控訴審の弁護、お引き受けいたします！》（小野）

《もちろん、支えます》（西村）

《当然、控訴審も引き続きやらせていただきます！》（舘）

《自分も選任されたいです》（我妻）

《やります！　アキラ先生、肩を温める準備を始めますか》（小林）
全員が亀石の依頼に応えた。亀石は、嬉しさを冗談めかしたメールにのせた。
《みんな！　ありがとうございます！　みんなの仕事に対する責任感なのか、亀石に対する忠誠心なのか、とにかくありがとうございます。引き続き六名の弁護団体制で控訴審を闘っていきたいと思います。よろしくお願いします！》
と言いつつも、亀石は黒田と電話で話した後、すぐに六人分の弁護人選任届をもらっている。そこには「みんななら、やってくれるだろう」という信頼があった。

弁護団が「控訴申立書」を裁判所に提出したのは、控訴提起期限ギリギリの2015年7月24日だった。検察官は控訴しなかった。
一審は、起訴状に記載された公訴事実を、証拠調べの結果認められるかどうかを判断する。一方の控訴審は、控訴申立人が提出した書面に控訴理由があるかどうかを審査する。その書面が「控訴趣意書」である。控訴した側が一審判決の誤りを指摘するもので、刑事訴訟法によって「訴訟手続の法令違反」「量刑不当」「事実誤認」など、八つの控訴理由が定められている。これらの控訴理由のいずれかを控訴趣意書に書けなければ、一審判決が覆る余地はない。約1週間後の7月30日に開いた弁護団会議では、どの項目に当てはめ、どのような誤りがあるのかを明確にする検討から始めた。議論の末、控訴審の方針が決まった。

「訴訟手続の法令違反」については、証拠能力のない証拠を採用した点を中心に、証拠の収集手続きにおいて、泳がせ捜査、追尾監視型捜査という違法な捜査をした点を改めて主張する。ＧＰＳ捜査については、一審で「強制処分であって、無令状で実施された本件は違法」との判断が示されていたので、検証許可状によるＧＰＳ捜査の実施を許容した点や、違法の程度が適切に評価されなかった点を主張した。

もう一つの主張は「量刑不当」である。仮に被告人が有罪だとしても、量刑が不当に重すぎるため、違法捜査が行われた事実を量刑上考慮すべきと主張する。

約1ヵ月後の9月3日、裁判所から控訴趣意書の提出期限を知らせる通知書が届いた。そこには10月7日の期限が記されていると同時に、大阪高等裁判所の担当部署も書かれていた。

第二刑事部――それを見て驚いたのは、刑事弁護の経験が豊富な亀石と我妻だった。刑事裁判は、裁判所のどの部に係属されたかが重要なファクターとなる。はっきり言えば、裁判の要を担う裁判官が「誰」なのかによって、判断がまったく異なるといっていい。

大阪高裁の刑事部は、第一から第六まで存在する。控訴審は必ず三人の合議体で行われ、部長（部総括判事）が裁判長を務める。第二刑事部の部長である横田信之は大阪地裁が長く、大阪高裁に異動後も、無罪判決を下す裁判官として定評があった。横田の部に係属したことを大阪の刑事弁護人が知れば、弁護側の主張を認めてもらえるのではと期待してしまう裁判官だった。

合議体として審理する控訴審では、三人の中に任意処分説を唱える裁判官がいても不思議ではない。しかし、横田が裁判長であれば強制処分性を認めた一審の判断を維持してくれるのではないか——亀石の期待はいやが上にも高まった。

このころ、令状のないＧＰＳ捜査の適否を問う裁判が少しずつ全国で始まっていた。事件の内容は異なっても、令状を取得せずに捜査機関がＧＰＳを取りつけた点、あるいは検察官が「任意処分だから問題ない」と主張している点はいずれも同じだった。黒田の裁判で強制処分という判断が出たことから、全国の刑事弁護人が亀石ら弁護団と連携して、同様の主張・立証をし始めていたのである。だが、それでも各地裁によって強制処分・任意処分の判断は分かれていた。もはや「ＧＰＳにより侵害されるプライバシー」に対する裁判官の評価の違いとしか言いようがなかった。

弁護団は横田に判断してもらえるという期待を胸に、控訴趣意書の作成に没頭した。控訴趣意書を提出したのは、10月7日、提出期限当日の夕方である。

11月27日には検察官より「答弁書」が届いた。

「弁護人の主張には、理由がない」

通常、弁護側が控訴をした場合、弁護人が控訴趣意書を出しても、検察官が答弁書を出さずに第1回公判を迎えるケースが多い。ただし、重大な事件で、弁護側の控訴趣意が認められる可能性があると検察官が判断した場合には、反論のための答弁書を出してくることがある。それほど検察官も危機感を持っていた。もっとも、検察の答弁書がわずか5ページだったうえ、内容も説得的でなかったことから、控訴審で任意処分説が採用されることはないだろうと亀石は思った。むしろ、控訴審では弁護側の主張が取り入れられ、さらに前進した判断になるとさえ思えたのだった。

激怒

控訴審は書面で審査するのが基本だが、公判も開かれる。ただし、新たに請求された証拠の取り調べを行うケースが少ないため、一審のように複数回にわたり、長時間行われることはない。公判が1回しか開かれないことも多く、時間は5分から10分、長くても30分で終わる。

弁護側が控訴した場合、裁判長が「弁護人から控訴趣意書が提出されました。この通り陳述されますね」と言う。弁護人は「はい」とだけ答える。続けて裁判長が検察官に答弁を求め、検察官は「本件控訴に理由はないと思料《しりょう》します」とだけ答弁する。検察側、弁護側から証拠の取り調べ請求がなければ、ここで裁判長が「終わります。判決の言い渡しは○月○日です」と言って閉廷する。

亀石ら弁護団は、黒田が行った被害弁償のあらましを伝え、追尾監視型捜査に関する新たな証拠の取り調べを請求していた。検察官は弁護人の請求に異議を述べたが、裁判長の横田が右陪席の裁判官、左陪席の裁判官と合議した上で「職権で採用します」と語った。控訴裁判所は、職権で証拠を取り調べることができる。その職権を発動して、弁護団の証拠を採用したのだった。

その横田が「退官した」という話が伝わってきたのは、判決まで2週間あまりとなった2016年2月14日のことだ。理由は定かではないが、退官するという噂はあった。裁判中であっても、異動や退官などによって裁判官が交替するケースはままあるが、この時期に裁判長が代わるというのは亀石にとっても意外だった。それでも、おそらくすでに判決の骨子はできていて、横田がその合議に関与しているのは間違いない。GPS捜査は強制処分であるという一審の判断が覆ることはないだろうと思っていた。

3月2日の判決を聞くまでは——。


横田の代わりに裁判長席に座ったのは、女性裁判官だった。

「横田裁判官が退官したので、代読します」

裁判長代理はそう言うと、すぐに本題に入る。

「主文。本件控訴を棄却する」

控訴棄却は、弁護団の想定の範囲内だった。新たに被害弁償を行ったとはいえ、金額は30万円ほどだ。量刑が軽くなることまでは期待できないと思っていた。

とはいえ、「棄却」という言葉を聞いていい気分になる刑事弁護人はいない。

(棄却かよ。まあ、そうだろうけど)

心の中で悪態をついた亀石は、裁判長代理の次の言葉を待った。

「以下、理由を述べます」

理由の前半は、弁護人の控訴理由、検察官の答弁、一審の判断の要約が読み上げられた。証拠採否決定、泳がせ捜査、追尾監視型捜査について、高裁は一審の判断の誤りがあるとは認められないと支持した。

問題はここからだった。弁護側は控訴趣意書で「ＧＰＳ捜査は検証令状を取得することで可能」とした一審の判断を違法と主張したために、高裁は捜査の経過を振り返りながら、違法かどうかの検討結果について触れていく。ところが、事態はあらぬ方向に向かっていった。

亀石は、それまでの前半部分は落ち着いて聞いていた。だが、後半に入ってからの裁判長代理の言葉を聞いて、次第に感情を抑えることができなくなっていった。

「――対象の所在位置の手がかりがまったく存しなくなった場合にも、ある程度即時にその位置情報が得られるものであって、実施方法いかんによっては、対象者のプライバシー侵害につながる契機を含むものである――」

（ん？）

裁判長代理が読み上げた部分には、ＧＰＳ捜査によるプライバシー侵害を過小評価する姿勢、そして、弁護団が「絶対に違う」と言い続けてきた「程度論」（実施態様によって処分の性質が左右されるという程度論）が顔を出していた。「ある程度」「実施方法いかん」という言葉がそれだ。

（「ある程度即時」じゃなくて、「即時」に決まってるじゃん）

（「実施方法いかんによって」じゃなくて、「一回でも位置情報を取得すれば」だよ）

この時点で、亀石は裁判所に疑念を抱いた。この判決を書いた裁判官が最終的に出す結論が予測できたからだ。亀石は、裁判長代理の次の言葉を待った。

「――これにより取得可能な情報は、尾行・張り込みなどによる場合とは異なり、対象車両の所在位置に限られ、そこでの車両使用者らの行動の状況などが明らかになるものではなく――」

（何言ってんの？　行動の状況が明らかになるに決まってるだろ）

「また、警察官らが、相当期間（時間）にわたり機械的に各車両の位置情報を間断なく取得してこれを蓄積し、それにより過去の位置（移動）情報を網羅的に把握したという事実も認められないなど、プライバシーの侵害の程度は必ずしも大きいものではなかったというべき事情も存するところではあるが――」

程度論に続いて、どっちつかずのことを言い始めた。亀石は憤りを覚えた。しかし、それに続いて裁判長代理が発した言葉に、亀石は激怒したのだった。

「――このような点に着目して、一審証拠決定がその結論において言うように、このようなGPS捜査が、対象車両使用者のプライバシーを大きく侵害するものとして強制処分に当たり、無令状でこれを行った点において違法と解する余地がないわけではないとしても、少なくとも、本件ＧＰＳ捜査に重大な違法があるとは解されず、弁護人が主張するように、これが強制処分法定主義に違反し令状の有無を問わず適法に実施し得ないものと解することも到底できない」

普段は温厚な我妻が「ＧＰＳ捜査に重大な違法があるとは解されず」という言葉に反応し、怒りに震えた。小林も「到底」という言葉を聞いて受け入れがたいものを感じた。到底できないとは論外ということだ。小林は最高裁判例や、大家と呼ばれる学者の本や論文を引用しながら控訴趣意書を書いている。手堅い文献を使ったため、従来の判例・学説と異なるような少数説に依拠した覚えはなかった。それを理由もなく「論外」と断じられて、いったい何が起こっているのかわからない感覚に襲われた。

横田裁判官の判決には期待をかけていた分、失望も大きかった。異動の直前や退官間際に、置き土産のように思い切った判決を残していく裁判官もいる。それなのに……よりによって横田がこんな置き土産をしていくなんて――亀石は落胆した。

上告への決意

任意処分の適法性を判断するときに考慮すべき要素として、判例でも示された三つの点「捜査の必要性」「緊急性」「手段としての相当性」が挙げられる。わかりやすく言えば、これらの条件を満たしていれば、任意処分・任意捜査として適法であると判断しても問題はないという理屈である。

弁護団は一貫して強制処分説を主張してきたので、任意処分につながるこれらの言葉には敏感に反応する。裁判長代理が読み上げた次の部分には、そうした言葉が満載だった。

「——被告人ら犯人グループは、一連の窃盗事件について相当程度の嫌疑が存したうえ……被告人らに対し所要の行動確認などを行っていくうえでは、尾行や張り込みだけではなく、それと併せて、GPSを用いた関係車両の位置探索を実施する必要性が認められる状況にあったといえる。……一連の窃盗事件やその犯人グループの特性、それに応じて進められた捜査の経過などからしてやむを得ないところがあったといえるし、さらに、発信器を取りつけた車両の台数が多数に上った点も、被告人らがごく頻繁に複数の車両を乗り換えている状況が認められたことなど、相当の理由があったと認められる——」

(高裁は任意処分と考えているのかもしれない。そうでなければ、任意処分の適法性を判断する「嫌疑」「必要性」「相当の」などという言葉が出てくるはずがない)

亀石には、震えるほどの激しい怒りが込み上げてきた。そこから先も、弁護団の怒りを増幅させる言葉が、次々と裁判長代理の口から発せられた。

「――本件GPS捜査の実施には令状が必要であったと解してみても、その発付の実体的要件は満たしていたと考え得るのであり、そのほか、本件GPS捜査が行われていた頃までに、これを強制処分と解する司法判断が示されたり、定着したりしていたわけではなかったことも併せ考えると、その実施に当たり、警察官らにおいて令状主義に関する諸規定を潜脱《せんだつ》する意図があったとまでは認め難い――」

「――警察官らは、中野使用のバイクに、その部品の一部を外してGPS発信器を取りつけたことが認められるが、車体を傷つけたり壊したりしたわけではなく……その違法の程度も大きいものではなく、これらの点をふまえても、本件GPS捜査に重大な違法があったとみることはできない――」

「――一審証拠決定は……本件で警察官らが検証許可状の請求をしなかったのは、令状主義軽視の姿勢の現れである旨指摘している。しかしながら……本件で警察官らが令状請求を行わなかったことをもって令状主義軽視の姿勢であるとまで評価するのは、やや無理があるように思われる。一審証拠決定が、そのような評価を経て、本件GPS捜査は令状主義の精神を没却するような重大な違法があるとするのは、必ずしも賛同できない――」

「――本件の警察官らは、GPS発信器の車両への取りつけの際などに一再ならず違法の疑いのある行為に出ているほか、保秘を徹底するその一方で、組織内部で求められていた……諸手続きですら、十分に履践《りせん》していなかった疑いがあり、その点は甚だ遺憾とせざるを得ない。しかしながら、本件で行われたＧＰＳ捜査についてみる限り重大な違法があったと解されない……。これが強制処分法定主義に違反し令状の有無を問わず適法に実施し得ないとする立論を前提に、本件捜査に重大な違法があったとする弁護人の主張は、採用できない」

ここまでくると、もはや裁判長代理の言葉が頭に入ってこなかった。高裁が何を判断しているのかわからない。任意処分説を支持しているようにも聞こえるが、明確に任意処分とは言っていないし、かといって強制処分と言っているわけでもない。令状を取らずに行われたＧＰＳ捜査を適法と判断しているわけでもない。弁護団は混乱した。

判決後の記者会見でも、亀石は弁護団を代表して思いのたけをぶちまけた。

「一審の証拠決定よりも、大幅に後退した内容だし、強制処分なのか任意処分なのかを明言していないけれども、任意処分と考えているフシのある説示をしている。にもかかわらず、任意処分とも明言していない。非常に曖昧で、判断から逃げているように感じる。そして、結論において、一審が言った『令状主義の精神を没却するような重大な違法』はなかったと断じているのは到底看過できない。極めて不当な判決で、こんな判決を確定させるわけにはいかない」

判決終了後、それぞれの職場に戻ってからも怒りと混乱は続いた。その日の午後には判決要旨が手に入ったので、メーリングリストを通じて弁護団全員に配られた。それぞれが改めて読み返し、感想を投稿した。

《僕が思っていたより、任意処分って感じでもないですね。言葉づかいが紛らわしかったんですけど、令状主義違反のあとの重大性を否定している感じですね。まあ、理由づけが全部受け入れ難いですけど》(西村)

西村は、法廷で判決を聞いたときの印象と、紙で読んだときの印象が違うと感じた。法廷で判決を聞いたときは「強制処分ではない」と裁判官が判断したように聞こえたが、判決をよく読むと、法的性質は判断していなかった。もっとも、表現として強制処分を否定していなくても、全体のニュアンスからすれば否定しているも同然だった。

《やっぱりどうしようもない判決ですね。ただ、強制処分法定主義違反について検討しようと判決を読むうち、案外これはいろいろな読み方ができるのかもしれないと思いました。最終的に高裁で判断できないから、最高裁に丸投げするつもりなのでしょう。上告するとしたら、準備がたいへんですね。最低でも、刑訴法学者の意見は必要だと思い

ます》（小林）

亀石と舘も、上告への思いを書き込んでいる。

《もう一回読んでみたけど、やっぱりひどすぎる。こんなの確定させるわけにはいかないよね》（亀石）

《上告に向けて決起集会だね》（舘）

弁護団内は、上告しかないという空気になっていた。各地で判断が分かれているなか、高裁でこんな判決を確定させるわけにはいかなかった。

ただし、上告するには黒田の意思を確認しなければならない。

第八章

霹《へき》靂《れき》

控訴審の判決が出る少し前、亀石は黒田と連絡をとった。

「先生、そろそろ刑務所に行こうと思ってるんですよ。一日も早く帰ってきたいと思って」

判決が出たら服役する——電話口の黒田は覚悟を決めていた。亀石は、控訴審の判決があれほどひどいものになるとは想像していない。ただ、念のため慎重に言葉を選んだ。

「そうですか。でも、判決の内容にもよりますので、判決が出たあとに相談しましょう」

「上告してください」

控訴審判決後、黒田と連絡がついたのは3月10日のことだった。判決の日から、すでに8日が過ぎている。黒田は、控訴審判決を受けた弁護団の会見をテレビで見ていたと言い、そして、知り合ったころのような明るい調子で続けた。

「先生たちは、ぜんぜん納得してないんですよね？」

「そうなんですよ。5年6ヵ月という量刑が変わらないのはわかっていたんですけど、一審で認めてくれた内容からだいぶ後退したんで、私、腹が立ってるんですよね」

「いや、わかりますよ」

「だから、こんな判決を確定させることに納得できなくて……とはいえ、上告したら、最高裁で結論が出るまで数ヵ月、いや、1年以上かかる可能性もあります。どうするかは黒田さん次第です」

いつも即答する黒田から返事がない。亀石は待った。

服役が決まった被告人は、はじめは刑務所に入るのを嫌がり、できるだけ外にいられるように手を尽くす。しかし、時間の経過とともに、さっさと服役して刑期を終えて世間に戻りたいという心境になる。一審の判決が出たころには外に居続けたがった黒田も、この段階では心が服役に傾いていた。いつかは服役しなければならないことがわかっているのに外にいる状態が続くのは、かえって精神的につらいものだ。亀石には、それがわかっていた。弁護人としては、高裁判決を確定させたくないという気持ちがあっても、上告するかどうかは、被告人の意思にかかっている。

「……………わかりました」

決意を固めたように、黒田の口調は力強かった。

「じゃあ、もう一回保釈請求してもらえますか？　上告してください」

上告したところで、黒田に直接的なメリットはない。GPS捜査が強制処分だろうが任意処分だろうが量刑にはほとんど関係がない。それでも黒田は、高裁の判断を不服として上告を決断した。黒田が土壇場で見せた男気だった。

思わず感極まった亀石に、黒田が再び明るく声をかけた。

「でも先生、申し訳ないっすけど、先生たちに払う金はないっすよ」

その日のうちに、亀石はメーリングリストで弁護団に報告を行っている。

《黒田さんと話せました。保釈請求をしてほしい、上告してくださいとのことです》

弁護団からは、すぐに返信が入ってきた。

《了解です！》（我妻）

《やるしかないですね。さっそく学者探しや担当決めをしないといけないですね。その前提として、どの論点をどれだけ力を入れて書くかも考えないといけないね。頑張りましょう！》（舘）

《了解しました。心機一転、頑張ります。みなさまよろしく》（小林）

《了解しました。大法廷に乗り込みましょう！》（小野）

《やりましょう》（西村）

全員が、引き続き弁護団に参加する意思を示してくれた。亀石は、その日のうちに保釈請求書を提出し、翌日に保釈許可決定を手に入れる。それから3日後の2016年3月14日、弁護団は上告申立書を最高裁判所に提出したのだった。

「全部不服であるから、上告を申し立てる」

GPS裁判は、ついに最高裁判所に舞台を移すこととなった。

八方ふさがり

控訴審判決を不服とした検察官あるいは被告人が、最高裁判所に上訴する手続きが上告だが、漫然と不服だからといって上告できるわけではない。刑事訴訟法第405条に定められた「憲法違反」「最高裁判所判例違反」などの理由に該当しなければならない。

第405条の理由に該当しない場合でも、刑事訴訟法第411条が定める「著反《ちょはん》正義事由」が認められる場合は、最高裁判所が職権で原判決を破棄することもある。著反正義事由とは、控訴審の判決に「法令違反」「量刑不当」「重大な事実誤認」などがあるために、最高裁においてこれを破棄しなければ著しく正義に反すると認められる場合を指す。

上告後の弁護団の仕事は、上告の理由を最高裁判所に伝える「上告趣意書」の作成が中心となった。最高裁の裁判官は、この上告趣意書をもとに審理を行う。説得力のある主張が必要になる。

弁護団は、上告申し立てからすぐに準備を始めた。3週間後の4月4日、最高裁判所第二小法廷の書記官から「上告趣意書差出最終日通知書」という書面が届く。そこには上告趣意書の提出期限を5月17日と定める旨が書かれていた。残り40日あまりで提出しなければならないということである。

最高裁には三つの小法廷がある。最高裁に属する一五人の裁判官は、三つの小法廷に五人ずつ分かれて事案の審理を行う。ほとんどの事案は、この小法廷で判断される。一五人全員で審理する大法廷に回付される事案はめったにない。

上告趣意書では、プライバシー権の侵害を伴うGPS捜査が強制処分である点、一審で示された検証許可状ではなく、GPS捜査に特化した令状を立法で設けなければならない点を、憲法違反や判例違反の観点から論じる必要がある。その主張に説得力を持たせるために、学者の意見を聞きたかった。最高裁で審理される事案なのだから、法曹界では知らない人がいないような「大御所」の学者に意見を聞きたい。だが、強制処分の考え方に関して、弁護団と「大御所」的な複数の学者とでは明らかに異なっていた。

大方の大物学者が主張している伝統的な強制処分の考え方は、重大な人権侵害、あるいは重要な権利・利益の侵害にあたる場合に強制処分というものだ。その考え方は弁護団も同じだが、弁護団は「GPS捜査により一回でも位置情報を検索すればプライバシー権の重大な侵害にあたる」と主張している。しかし、学者の間ではいわゆる程度論や任意処分説を採用する者も多く、このような見解の学者に意見書を依頼しても、弁護団が主張したい強制処分説の論拠を固める意見書にはならない。

弁護団が進むべきは、学界ではまだ大御所ではなくても、論文や著書で「GPS捜査は即時強制処分にあたる」と明言しているような学者を探す道だった。とはいえ、そう簡単に事が運ぶわけではない。

まず、弁護団の主張に近い研究をしている学者を探す。その学者が書いた論文や著書を検索し、集めて弁護団全員で読み込む。そのうえで、自分たちの主張と本当に合うかどうかを議論する。依頼するにふさわしい学者と判断できた段階で、その学者にコンタクトするルートを探し、面会の約束をとりつける。面会での議論をもとに、意見書を正式に依頼する。弁護団は学者との議論を踏まえて上告趣意書を作成し、学者の意見書を添付して提出する——どう考えても、やはり40日で提出するのは不可能だった。

結局、弁護団は、4月20日付で最高裁宛に「上告趣意書提出期限延長申請書」を提出する。当初の提出期限から3ヵ月先の8月17日まで、上告趣意書の提出期限を延長するよう求めたのだった。

最高裁の返答を待つ間、弁護団は持てる伝手《つて》を総動員し、強制処分説の立場をとる学者を探した。ところが、弁護団が依頼した学者には次々と断られてしまった。

「なんで？　どうしてみんな協力してくれないんだろう？」

延長申請に対する最高裁の返答も、弁護団にとっては厳しいものだった。延長こそ認めてもらえたが、わずか1ヵ月——第二小法廷の書記官から電話が入り、釘を刺された。

「重大な論点を含む事件ですから延長を認めますが、今回に限ります」

これ以上の延長は望めない。高名な学者に意見書を書いてもらう時間はなくなったが、それでも上告趣意書のルールを満たす質の高い内容に仕上げなければならない。完全な八方ふさがりだった。しばらく考えてから亀石は腹をくくった。

「よし。学者の意見書はなしでいこう！」

上告趣意書

弁護団の理論的支柱は、小林と西村だ。亀石の目には、彼らが一審・二審のあいだに理論的背景を固めていく過程で、自信をつけていたように見えた。二人が構築したGPS捜査の強制処分性はわかりやすく、腑に落ちる理論だった。また、当人たちも「自分たちの主張でいけると思う」と手応えを感じていた——少なくともメーリングリスト上は。

《まあ、学者の意見は出せればベターって感じですかね》（小林）

《しょうがないですねー。現状の資料で最善を尽くしましょう》（西村）
最高裁判所に上告趣意書を出すのは、弁護団のほとんどが未体験だった。小林も、学者の意見書が取れないという結果に対して、内心では不安に思うところがないわけではなかった。裁判所という機関は極めて権威主義的だ。新規で難しい論点を主張するときは、権威の後ろ盾がないと、いくら正しくても裁判官に認めてもらえない可能性が高くなるのではないか。権威には権威で対抗する。弁護団は最高の舞台で戦うために必要な権威という武器を得られず、自分たちの力だけで勝負しなければならない状態に追い込まれていた。

日本国憲法には１０３の条文がある。表現の自由や職業選択の自由など、多くの国民に知られたものがある一方で、刑事手続きに関する条文があることはあまり知られていない。黙秘権（第38条）や弁護人を依頼する権利（第37条３項）がそれだ。憲法学界にはあまたの学者がいるが、刑事手続きに関する条文を研究対象とする学者は少ない。

亀石が、別件で懇意にしていた京都大学の教授に現在の弁護団の窮地を相談したところ、紹介されたのが岡山大学法学部准教授の山田哲史《さとし》だった。山田は「強制処分法定主義の憲法的意義」と題した論文を書くなど、弁護団が相談する相手にぴったりの存在だった。小野の京大時代のサークルの後輩という偶然もあった。弁護団が悩んでいた「GPS捜査の法的性質を憲法違反に寄せる」という課題をクリアするチャンスが訪れた。

5月10日に岡山大学で面会することが決まったが、上告趣意書提出の締め切り日までは1ヵ月あまりしかない。意見書を書いてもらう時間はないので、上告理由を構成する内容について、理論的アドバイスを受ける目的に絞った。前日の弁護団会議で小林が作成した構成案を全員で議論し、それを山田にぶつけた。構成案の骨子はこうだ。

1・憲法違反=本件GPS捜査を「強制処分法定主義（強制処分は法律に規定されており、かつ裁判所の発行する令状がなければ行使できない）に違反し令状の有無を問わず適法に実施し得ないものと解することも到底できない」とした原判決は、強制処分法定主義違反があり、憲法31条（法定手続の保障）、35条（住居侵入・捜索・押収に対する保障）に反するとともに、ひいては憲法13条（個人の尊重、生命・自由・幸福追求の権利の尊重）に反する

2・判例違反=最高裁判決平成15年2月14日に照らして、手続き的違法が存在し、かつ本件全体の捜査機関の態度から、令状主義の精神を潜脱する意図があったと評価できる場合には、その違法の程度は令状主義の精神を潜脱し、没却するような重大なものであ

ると評価されてもやむを得ず、ひいては証拠排除が認められるべきものである3・著反正義事由による職権破棄＝GPS捜査は捜査の手段として法律上認められていなかった強制処分であり、同捜査により得られた証拠能力は否定されるべきであるから、これを肯定した原判決は破棄されるべきである。さもなくば、著しく正義に反する

5月10日、仕事で参加できない我妻を除く五人で岡山大学に赴いた。弁護団のなかで山田の話を強く聞きたがったのは、構成案を練った小林だ。小林は、控訴審判決に「憲法」の文字がまったくないにもかかわらず、憲法違反の上告理由を主張できるかどうかで悩んでいた。

小林は、さっそく山田に尋ねた。

「この高裁の判断に、憲法違反はありますか？」

「区々の判断を下級審が下している中で、最高裁は自身の見解を示したいと思っているように感じられるので、上告趣意の内容にそこまで悩む必要はないと思いますが、原審判決自体の憲法違反を言おうと思えば、言える部分はあります」

そう答えた山田が指摘した高裁判決の一文は次の部分だった。

「GPS捜査が、対象車両使用者のプライバシーを大きく侵害するものとして強制処分

に当たり、無令状でこれを行った点において違法と解する余地がないわけではないとしても、少なくとも、本件ＧＰＳ捜査に重大な違法があるとは解されず、弁護人が主張するように、これが強制処分法定主義に違反し令状の有無を問わず適法に実施し得ないものと解することも到底できない」

高裁で判決が読み上げられている際に小林が憤った部分だ。山田は「勝てる」と太鼓判は押さなかったが、ここで違憲を主張してもおかしくはないという見解だった。

「判決は、重大かどうかはともかく権利侵害の存在は認めているように読めるのに、そこに法律の根拠を要求していません。強制処分法定主義というかはともかくとしても、そこに憲法31条違反の問題が生じえます」

「何人も、法律の定める手続によらなければ、その生命若しくは自由を奪はれ、又はその他の刑罰を科せられない」（日本国憲法第31条）。

控訴審の判決に憲法の文字はなくても違憲の主張は可能――着想を得た小林はその方向で上告趣意書を書き始め、ほかの五人も、自分の担当部分に着手した。

時間がない。

今が緊迫した状況であることは弁護団の誰もがわかっていた。それでも、なかなか執筆が進まない。亀石はそんな状況を見て焦りと苛立ちを覚える一方で、信じてもいた。

（昔から、この連中はやるときはやる。期限には必ず間に合わせてくる。絶対に）

全員が文章を仕上げてきたのは締め切りのわずか3日前——全員で読み合わせをして最終チェックを行う。A4版横書きで87枚に及ぶ上告趣意書は亀石が速達で発送した。

6月16日、上告審に関して弁護人としてやれることは、すべて終わった。

上告審の壁

2016年7月14日、弁護団は趣意書完成の打ち上げを行った。場所は、弁護団結成のきっかけとなったあの「肉問屋」である。

弁護団の誰もが、最高裁で何かが判断されるとは思っていなかった。上告趣意書を出すまでが上告審における弁護人の活動と理解していた。被告人に対する責任は十分に果たした。控訴審に対する不服は思う存分上告趣意書にぶつけられた。自分たちができることはやり切った。諦めるでもなく、ネガティブになるでもなく、かといって期待するでもなく、充実感に浸った。

弁護団のメンバーをそういう気持ちにさせたのは、弁護士をはじめ、司法関係者の間では当たり前とされる、最高裁判所のある「常識」のせいだった。

それは「上告審の壁」と呼ばれる。

上告趣意書を提出すると、しばらく経って最高裁判所から一通の封書が送られてくる。そこにはたったひと言「本件上告を棄却する」と書かれたA4の紙が一枚入っている。弁論が開かれるのは極めて稀なケースであり、9割以上の上告事案は弁論が開かれず、そのペラ一枚の紙が送りつけられて終わる。弁護士はその紙を、自虐的に「三下り半」と呼ぶ。民事事件よりも刑事事件において、その傾向は顕著だとされる。いくら控訴審の判決がひどい内容でも、そのひどい判決を確定させるわけにはいかないと上告をしても、ひどい判決をひっくり返してやろうという考えになれないほど、途方もなく高くそびえ立つ壁だった。

実際に、弁護団の誰もが三下り半で終わると思っていた。自分たちの書いた上告趣意書に自信がないからではなく、過去の数字が原因だった。上告申し立てされた事件のうち、ほんの数パーセントが裁判官による評議室の審議に回され、審議対象とされた事件のうち、ほんの数パーセントで弁論を開くことが許される。ほとんど宝くじに当たるようなものだ。GPS事件も、最高裁の裁量で捨てられると思っていた。

そもそも、上告そのものが弁護士の活動では極めてレアケースである。控訴審で負けた時点で、諦める当事者が多いからだ。世間の耳目を集める大事件は別にして、通常の事件で上告するのは、時間稼ぎが目的か、それこそ「ダメでもともと」の精神でなければばできない。勝てる可能性がなければ、諦めざるを得ない人がほとんどである。

弁護団の中にも、上告を経験したメンバーはいた。しかし、すべてが「三下り半」で終わっている。それ以外の経験をしたことがなかったから、それ以外のことが起こる可能性も想像できなかった。上告趣意書を出し終えたあと、それぞれが抱える別の事件や案件が優先順位の上位に変わったのは、弁護士としてはごく自然なことだったのだ。

２０１６年10月5日、時刻は午後3時を回ったころだった。

暦は秋だが、大阪の夏は、とりわけ長い。日傘を差し、噴き出す汗を拭いながら、亀石は大阪府警察本部に向かった。そのころ抱えていた刑事事件の被疑者と接見するためだ。上告趣意書を提出してから、4ヵ月近く経っていた。

ほぼ同じころ、亀石の事務所に一本の電話が入った。電話の主は、最高裁判所の津田と名乗る書記官だった。応対した女性事務員が亀石の不在を告げると、津田は伝言を残した。女性事務員は、すぐに亀石宛にメールを送る。事務員が受けた電話の内容は、当人にメモを残す代わりにメールで送るルールになっていたからだ。

亀石が被疑者と会っていた接見室には携帯電話の電波が届かない。被疑者との接見を終えて部屋を出た亀石は、電波の届くところへ出たときの習性で、すぐにスマートフォンを取り出した。メールを確認すると、何通ものメールが一斉に届いた。

そのなかに、女性事務員からの伝言メールが入っていた。メールを開く――〈最高裁判所津田書記官からの伝言〉とあった。

〈黒田行男さんの件は、大法廷において審理されることになりました。その通知書を、亀石先生宛にお送りします〉


（えっ？　どういうこと？）

亀石は、声にならない声をあげた。

どうしていいかわからず、すぐに次の行動が思いつかなかった。

それほど、最高裁判所の大法廷は、イメージの埒外《らちがい》にある存在だった。

しばらく呆然としたのち、気を取り直した。まずはみんなに知らせないと。かろうじてそう考えた亀石は、大阪府警察本部の接見室の扉が並ぶ廊下で、立ったままメーリングリストに投稿する。午後3時24分だった。

《これってどういうこと？》

2分後、我妻のメールが入った。

《おお、これは、弁論をしなきゃいけないってことじゃないでしょうか？》
我妻は、すごいことになったと思った。弁護団で弁論を考え、あの大法廷で弁論する。
我妻の返信を見て、亀石は高揚する。
《やっぱり？　これってすごいことだよね？》
続いて舘が入ってきた。
《なんと！　すごいことになりましたね》
舘の驚きも大きかった。弁護士の世界では、最高裁大法廷回付は「都市伝説」レベルの話だ。まさか自分がそれを経験するとは思ってもいなかった。舘はすぐに、平成に入ってから大法廷に回付された刑事事件についてインターネットで調べた。表示された検索結果は、思っていたよりはるかに少なかった。わずか3件である。
・1995年2月22日判決　外国為替及び外国貿易管理法違反、贈賄、議院における証人の宣誓及び証言等に関する法律違反被告事件
・2003年4月23日判決　業務上横領被告事件
・2011年11月16日判決　覚せい剤取締法違反、関税法違反被告事件
つまり、平成に入ってから大法廷に回付された刑事事件はGPS裁判で4件目となる。舘はそれを表にして、メーリングリストに載せた。

ここで小林も入ってくる。

《もしかして、違憲判決？》

小林は、大法廷に回付されたからには、大法廷でしかできない判断をすると考えた。

ということは、憲法違反で原判決破棄になるのではないか。そもそも、大法廷で審理をするのは非常に手間がかかる。一五人の裁判官が全員出廷しなければならないので予定を合わせるだけでも骨の折れる作業だろう。それをあえてやるからには、それだけのインパクトのある判決を出すのではないか。「任意処分で適法だから上告棄却」などという判決のために、わざわざ大法廷は開かないだろうと推理した。

遅れて会話に入ってきた西村もまた、大法廷に回付されたからには、弁護団にとって不利な判決が出るとは考えなかった。少なくとも、強制処分の判断は得られる。そんな自信が芽生えた。

再び舘の言葉。

《大法廷に回付されたからには、憲法違反か判例違反になるでしょうが、何がどう憲法違反なのか、どの判例をどう変更するのか、期待が高まるばかりです》

大法廷弁論

弁護団は、大法廷の判断を予想する検討会を開くことにした。

大法廷に回付された時点で、弁護団メンバーの多くは「弁論」が開かれると考えた。最高裁の大法廷に回付されたこの事件で弁論が開かれる、つまり、大法廷で弁護団が弁論を行うわけである。ただし、最高裁の事情に詳しい「業界関係者」からはこんな忠告をされた。

「有罪、無罪の結論が変わる、あるいは原判決が破棄される場合は弁論があるかもしれない。でも、GPS捜査の適法性のみ判断したうえで上告棄却になるなら弁論は開かれないかもしれないよ」

では、最高裁はどのような判断を下すのか。弁護団はその可能性を整理した。

上告された事件では、二つの大きな結論が下される。一つは「原判決を破棄」、もう一つは「上告棄却」だ。原判決を破棄、つまり高等裁判所の判決を否定する場合は、憲法違反や判例違反の可能性がある。その場合は、高等裁判所に差し戻して裁判のやり直しをさせるか、「自判」という形で最高裁判所が判決を言い渡す。とはいえ、原判決を破棄するケースは極めて少ない。平成に入って大法廷に回付された3件の事件で、原判決を破棄する判断はいまだ出されていない。弁護団も、そこまでの判断は示されないだろうと予測した。

もう一つの可能性である上告棄却は、文字通り上告を棄却し、高等裁判所の判決を支持する判断が下される。GPS裁判の控訴審でも、「重大な違法はない」と言っただけで、一審の判決の骨子は維持している。黒田の有罪、5年6ヵ月の量刑という結論も変えていない。この控訴審の結論を最高裁大法廷も維持するのであれば上告棄却となる。

ただし、弁護団はGPS捜査を強制処分とし、その違法性を問題視する上告趣意書を出している。逆に、検察官は任意処分だから問題はないと主張する意見書を提出した。令状のないGPS捜査の違法性が問題になっているのは事実だから、大法廷がGPS捜査に関して任意処分か強制処分かの判断を示す可能性はある。判決の主たる理由に続いて「なお……」というフレーズで始まる「なお書き」と呼ばれる部分がある。場合によっては、そこにGPS捜査の法的性質を判断する内容が示されるかもしれない。

判決は、最高裁の裁判官一五名の多数意見からなる法廷意見のほかに、少数意見が付される場合がある。たとえ法廷意見が第一審同様に「GPS捜査は強制処分だが、検証許可状で実施可能」と判断したとしても「GPS捜査は強制処分であり、かつ、検証許可状でも実施できないから、新たな立法が必要」という少数意見が付される可能性もあるのではないか——弁護団はそう予想した。

その後しばらく大法廷に関する動きは何もなかった。大法廷に回付された興奮と高揚も冷め、弁護団はふたたび日常の業務に戻っていた。

サプライズは、前触れもなく突然現れる。11月28日、最高裁の津田書記官からふたたび亀石のもとに電話が入った。

「平成29（２０１７）年2月22日午後2時から、弁論を開きたいと考えています」

亀石は、大法廷回付の知らせを受け取ったときと同じぐらいの衝撃を受けていた。

（弁論？　三下り半じゃなくて？）

「弁護団のみなさんで日程調整をして11月30日までにお返事をください。なお、この日付は正式決定ではないので、くれぐれもご内密に」

受話器を置き、一刻も早くみんなに知らせないといけない衝動に突き動かされ、亀石はすぐにメーリングリストにこの事実を載せた。

《最高裁大法廷の書記官から、今、電話がありました。来年2月22日午後2時から弁論を開きたいとのこと。弁護団で日程調整して30日までにお返事くださいって。ぜんぶ2並びってなんかすごい。私はヒマです！》

亀石の投稿を機に、メーリングリストには弁護団のコメントが飛び交った。

《とうとう来ましたね。僕は空いています》（小野）

《来ましたね。舘くんが情熱大陸化する日が。空いています》（西村）

《来ましたね！　ちなみに、情熱大陸よりも大法廷のほうがスゲーからね。空いています》（舘）

《小林、空いてます！》（小林）

《スゲー！　めっちゃ言いたい！　けど、黙ってます。2月22日、空いてます》（我妻）

待ち望んでいた気分が言葉に表れている。

《では、2月22日で返事しときます。ほんとやばい！》

弁護団の中に、最高裁大法廷での弁論の経験者は誰もいない。当然だ。平成に入ってわずか3件しか開かれていない刑事大法廷を経験した弁護士を探すほうが難しい。予備知識もなければ、司法修習で習うこともない。

さて、どうするか——。

このときから、何も知らない弁護団の、大法廷での弁論に向けた奮闘が始まった。

第九章

挑む

翌11月29日、津田書記官からふたたび電話が入った。

「弁論の期日が2月22日で決定しましたので、正式に通知書をお送りします」

「はい」

「通知書がお手元に届くまでは、誰にも言わないでください」

「わかりました」


手続きに限って言えば、ここで電話は終わるはずだった。だが、亀石は思い切って津田書記官に質問してみようと思った。疑問に答えてくれる弁護士がいない以上、大法廷のことを誰よりも熟知している最高裁の書記官に聞いたほうが手っ取り早い。

「あの……大法廷の弁論って、どういうふうにやればいいんでしょうか?」

そんな初歩的な質問をしていいかわからなかった。返答を拒絶される恐れもあった。答えてくれたとしても、高飛車な態度で応対されたり、蔑《さげす》むような言葉を浴びせられたり、冷笑される恐れもあった。

だが、津田は、親切に、丁寧な口調で穏やかに答えてくれた。

「まず、裁判長から『上告趣意書の通り陳述されますね』と聞かれますから『はい』と言ってください。上告趣意書で弁護人の主張は出し尽くしていると思いますが、もしそれを補充する弁論要旨を出したかったら、期日の2週間前までに出してください。これは、検察官にも同じことを言っています。弁論期日に弁論要旨を読み上げる場合は、15分厳守でお願いします」

最後の「15分厳守」のところだけ、少し強い口調になったような気がした。

「わかりました。読み上げるのは、主任弁護人の私じゃなくてもいいんでしょうか」

まだ弁護団のメンバーに確認していなかったが、大法廷で弁論をする体験は、今後の弁護士人生で二度と巡ってこないかもしれない。それぞれの家族や両親も見に来るかもしれない。一生に一度の晴れ舞台に出たいと言うメンバーがいるかもしれないと思った。

「はい。読み上げは主任弁護人じゃなくてもかまいません。弁論要旨はみなさんの連名で出されるでしょうから、そこに書かれているどなたでもけっこうです」

「そうですか。ありがとうございます」

「また何かわからないことがあったら、何でも聞いてください」

津田書記官のその言葉に勇気づけられ、その日から亀石の質問攻勢が始まった。弁論のパフォーマンスを最高のものにするには、大法廷の環境を把握しておかなければならない。

「事前に大法廷を見学させてもらえませんか」

大法廷がどれくらいの広さかわからない。弁護人席から一五人の裁判官の席までの距離がわからないので、弁論のときにどの程度の声の大きさで話せばいいのかわからない。

「それはできません」

「マイクはあるのですか」

広さにかかわらず、マイクがあるのであれば、声の大きさを気にする必要はない。

「マイクはそれぞれの席にあります」

「弁護人席の椅子はどのような形状ですか」

映画館のように、席を立つと座面がハネ上がり、その場にスペースができるタイプか。それとも四つ脚の椅子で、後ろに下げてスペースを作るか、あるいは横にずれなければスペースをつくれないのかによって、立ち上がったときの動きも変わってくる。こういう細かいことが大事だった。

「椅子は四つ脚で、ハネ上がるタイプではありません」

「裁判官の椅子の幅はどれくらいあるのですか」

大法廷は、一五人の裁判官が横一列に並ぶ。そのとき、椅子の幅によって右端から左端までの距離が決まる。そこがわからないと、視線を動かすだけで端から端まで見渡せるのか、それとも体の向きを変えないと見渡せないのかがわからない。

「それほど幅が広いわけではありません。普通より少し広い程度でしょうか」

一つひとつの質問に、津田書記官は丁寧に答えてくれた。そのおかげで、弁論に臨《のぞ》む空間のイメージが少し見えたような気がした。

弁論要旨の提出日は、弁論期日2月22日の2週間前、2月8日と決まった。

弁論の意味

法曹界において、ひそかにささやかれている、ある噂がある。法律家の常識と言ってもいいかもしれない。最高裁が弁論を開く段階では、すでに最高裁としての結論は決まっているという噂である。最高裁が「弁論を開く」と通知してきたあと、それを知った先輩弁護士たちは口を揃えて亀石にその噂について語った。

亀石は、あらためて弁論の意味を考え直そうとした。最高裁の結論が決まっているなら、自分たちは何のために弁論をしに大法廷に行くのか。事前に提出する書面をただ読み上げるだけでいいのか。それでは、弁護団の弁論は単なる儀式の一部でしかない。自分たちが伝えたいのは、上告趣意書の簡易版を読み上げるだけの弁論なのか――。

12月に行った弁護団会議で熟考を重ね、結論に至った。結論が決まっていてもいい。自分たちの言葉で思いを語る。一五人の裁判官に耳を傾けてもらい、一五人の裁判官の心を動かし、一五人の裁判官に正しい判断をしてもらう――そういう弁論をしたいと考えた。

会議では、その結論を実現するための具体的な方針を話し合った。

「書面を読むのではなく、内容を頭にたたき込み、裁判官の目を見ながら話す」

「難しい言葉は使わず、簡単な言葉で話す」

「自分たちは法律家として未熟な存在だから、身の丈に合った内容の弁論にする」

「言うべきことはすべて上告趣意書に書いてあるから、それを補充する内容にする」

「感情に訴えるような、本当に大事なことだけを伝える」

いざ並べてみれば、ごく当たり前に聞こえるかもしれない。しかし、通常の裁判の弁論は無味乾燥な法律用語で書かれた長文をひたすら読み上げるものだ。弁護団はそこをなんとかしたいと考えたのだ。

弁論の論点は二つに絞った。一つは「位置情報はプライバシーであり、保護されるべきものである」という主張だ。これについては小林、小野、亀石が担当する。もう一つは「GPS捜査は強制処分である」という主張である。これは西村、舘、我妻が担当する。

最後の最後で「最も大事な主張」をするとしたら何を言うか。年明けの会議までにそれぞれが考えてくることを宿題とした。

「それはそれとして、やっぱり自分たちは何も知らないじゃん。最高裁を経験したことのある先生に話を聞きに行ったほうがいいんじゃない？」

誰からともなく、意見が出された。

「誰がいる？」

「後藤先生は？」

「後藤先生か、いいねえ！」

後藤先生とは「大阪刑事弁護人の第一人者」と呼ばれる、大阪弁護士会所属の後藤貞《さだ》人《と》弁護士である。1975年に司法修習を終えた27期の後藤は、62期の弁護団から見れば大先輩にあたる。後藤が主任弁護人を務めた大阪市平野区の母子殺害放火事件では、一審の無期懲役、控訴審の死刑判決を最高裁で覆し、大阪地裁に審理を差し戻させて、後に無罪を確定させている。

「ピチョッとつけたらアカンやろ」

後藤との面会は、暮れも押し迫った12月21日だった。別件が入った亀石は集合時刻には間に合わず、残りの五人で後藤の事務所を訪れた。アポイントを取る際には「最高裁での弁論についてお聞きしたい」と伝えていた。

後藤はホワイトボードに法廷の絵を描きながら話し始める。

「僕は四、五回、最高裁で弁論をしたことがある。前は真ん中に出られたけど、今は出られなくなった。イーゼルも今は使えないよ」

裁判員裁判では画架《イーゼル》にパネルを立て、指示棒で指しながら裁判員にプレゼンテーションを行うケースがある。最高裁では、そういうことはできないらしい。自分の席を離れ、前方中央に進み、裁判官の目の前で話をするのも今は不可能だという。

「で、どの法廷なの？　第一？　第二？」

後藤が尋ねる。亀石は最高裁での弁論とは伝えたが、大法廷とまでは言っていなかった。

「いえ、大法廷です」

舘が答えると、後藤は目を見開いた。

「えっ？　大法廷!?　そしたら一五人やん。大法廷で刑事なんてないですよ……なんですかそれ、憲法違反？　そうだったら31条？　判例変更はないわなぁ」

少し考え込んで、ふっと漏らした。

「いいなあ、大法廷。大法廷は僕もやったことないわ……代わってほしいぐらいだ」

経験豊富な後藤にそう言わせるほど、刑事弁護人にとって最高裁の大法廷はハレの大舞台なのだろう。そこへ、遅れていた亀石が入ってきた。

「弁論はな、大弁（大阪弁護士会）の研修と一緒。相手が最高裁の判事だろうが、裁判員にプレゼンするのと変わらない。その事件のいちばんの問題点を最初に強く言う。で、何が問題なん？」

ＧＰＳ事件の概要を知らなかった後藤に、事件の概要と弁護活動の流れを説明していく。後藤は、窃盗団の車にＧＰＳ端末を装着したくだりに反応した。

「そんなもん、ピチョッとつけたらアカンやろ」

さらに、ＧＰＳをつけることへの違和感を重ねていく。

「他人の車を壊したらダメだけど、車にＧＰＳくっつけるのはいいとか、そんなアホな話ありませんよ！」

「そんなこと言うたら、部屋の窓が開いていたらグーッと手を伸ばして盗聴器を仕掛けてもいいのか？」

後藤はＧＰＳを「つける」行為に対して強烈な違和感を覚えたようだ。

「アメリカのジョーンズ判決では、ＧＰＳをとりつける行為が令状の要る捜索に当たるという法廷意見が出されています」

小林がそう言うと、後藤は目を光らせた。

「その法廷意見、興味あるなあ」

弁護の依頼が引きも切らない後藤は忙しく、面会時間は30分と指定されていた。亀石は最高裁書記官とのやり取りを話した上で、後藤のアドバイスを仰いだ。

「弁論期日の2週間前までに弁論要旨を出せと言われています。弁論の時間も15分と厳命されています」

後藤は勢い込んで言う。

「そんなもん『1時間くれ』って言えばいいよ。こんな大事な事件で15分しかくれないなんて、そんな短い時間では言いたいこと言えるわけないやろって。1時間くれって言って、ようやく30分くれるようなもんだから、まずは『15分ではできません』と言ってみればいい」

「あ、はい……でも、最高裁ですし……」

後藤の勢いに気おされて、亀石はしどろもどろになった。

「そんなもん、関係ない！　弁論要旨を2週間前に出せなんて、そんなもん聞かなくていい。僕はそんなもん、一回も出したことないですよ」

「ええっ？　そうなんですか？」

「だって、事前に出さなきゃいけないなんて、どこに書いてある？　法律に書いてないでしょう？」

後藤は少しトーンを落とし、含めるように弁護団に向かって話しかけた。

「弁護人というのはね、いい弁論をするために直前まで練りに練る必要がある。本当に直前まで考えに考え抜いて、最高の弁論をする義務があるんです。2週間前に出すなんて、そんなことができるはずないでしょう。まずは、『事前には出さない』と言ってください」

「あ、はい……」

そこで、ちょうど時間となった。

「一生に一度の大舞台なんだから、楽しんで！」

後藤に励まされた弁護団は、気分よく後藤の事務所を辞去した。だが、親切な書記官と直接対話する亀石だけは、後藤からもらった宿題が頭から離れず、気が重かった。

宿題実行

翌12月22日、亀石は後藤の宿題を実行するため、津田書記官に電話をかけた。

「弁論には、1時間いただきたいんですが」

亀石の申し出に、津田はあきれたように笑いながら言った。

「それは無理です」

亀石は、それでも食い下がる。

「でも、お伝えしたいことがたくさんあって、どうしても15分では足りないんです」

「では、裁判官に伝えて検討してもらいます」

「ありがとうございます。仮に1時間が無理だったとしても、こちらも15分では絶対に無理なので、そこはよろしくお願いいたします」

「わかりました。年明けの回答になると思いますが、ご連絡します」

亀石は、もう一つの宿題に話題を変えた。

「弁論要旨って、絶対に事前に出さなければいけませんか？」

この質問には、亀石の言葉が終わると同時に、強い口調が返ってきた。

「絶対に出していただかないとダメです」

そうだろうと思いながらも、手ぶらで引き下がるわけにはいかなかった。

「ただ、直前まで弁論要旨の内容を熟考したいんです。2週間前に出せと言われても、その後に内容が変わる可能性があります。それに私たち、書面をそのまま朗読するつもりもありません。そうすると、事前に書面を出す意味があまりないのではないかと……」

津田の声が、不審そうなトーンに変わった。あなた方は、いったい何をやろうとしているんだと言わんばかりに。

「……もちろん書面をそのまま朗読しないのは問題ありません。そもそも、要旨の陳述ですから。ちなみに、弁論要旨はすでに出していただいた上告趣意書を補充して述べるものですが……どれくらいの量があるんですか」

亀石の返答から弁護団が何を考えているか読み取ろうとしている。

「上告趣意書ほど大部にはなりませんが、いろいろと言いたいことがありますので」

手の内を明かさず、津田を煙に巻く形で電話を切った。

津田の反応から、弁論時間の15分を延ばすことはできそうな雰囲気だった。しかし、弁論要旨を事前に出さないのは、何があっても認めないという強い意思が感じられた。

（これは、出さないわけにはいかないかな……）

問題は、どのような内容で出すかだった。

5日後の12月27日、この日は二本の電話が亀石にかかってきた。

一本は、津田書記官だった。弁論の時間延長について、年内に答えが出たようだ。

「最高裁としては、あくまでも15分でやっていただきたい。ただし、15分経った時点で打ち切ることはしません。それでも、どんなに長くても30分までです」

後藤の言った通りになった。

もう一本の電話は、弁護団メンバーと司法修習生時代の同期で、所属弁護士の数では日本でトップの西村あさひ法律事務所に引っ張られた藤浩太郎からだった。

「僕の所属する事務所に元裁判官の弁護士がいます。最高裁総務局長を務めた園尾隆司先生です。事務方のトップを務めた園尾先生が、この事件に関心を持っています。食事でもしながら大法廷で弁論をするにあたって聞きたいことを聞いてみたらどうかと思って」

園尾は、最高裁判所長官を務める（当時）寺田逸郎の同期であり、ともに１９７４年４月に東京地方裁判所判事補となった間柄でもある。とにもかくにも大法廷、弁論に関する情報が欲しい弁護団にとっては、渡りに船の申し出だった。

「ありがとう。ぜひ行きたいです」

年が明けた２０１７年１月17日に東京で会うことを約束し、弁護団の年は暮れた。

カウベルと牛

年が明けると、弁論要旨の提出まで１ヵ月あまりとなった。１月13日に行われた弁護団会議では、それぞれが考えてきた弁論を読み上げることになっていた。

だが、そう簡単にはいかなかった。刑事弁護人として裁判員裁判をそれなりに経験している亀石と我妻は、裁判員に向けて何度も弁論を行っている。ごく一般の人々に向けて、大切なことをわかりやすく、印象的に伝える。日々の仕事がその訓練だった。しかし、刑事弁護の担当が少ないほかのメンバーは、そんな経験はほぼ皆無といってよい。民事事件の弁護活動では、法律家に伝える論理的な文章ばかり書いている。つまり難しい法理論をわかりやすく印象的に伝える機会がほとんどない。だから、いきなりエモーショナルな言葉で思いを伝えろと言われても、どのように書けばいいかわからない。とくに舘は「自分には情緒的な文章を作成して聞かせる能力が欠けている」と思い込んでいた。

この日の会議では、そんな舘が書いて読み上げた弁論がヤリ玉に挙がった。

「アルプスで放牧されている牛には、首に大きなベルがつけられています。カウベルというそうですが、これは牛の所在を確認するためにつけられるそうです。家畜は牧畜業者によって管理されています。当然ですが、人間は家畜ではありません。誰からも行動を管理されるいわれはありません」

「本件では、GPS端末を車両に取りつけて所在を確認していた行為が問題となっています。検察官は、この捜査は尾行と同じだと言います。しかし果たしてそうでしょうか」

「一度、ＧＰＳを車に取りつけられてしまったら、取りつけられた者は、捜査機関、すなわち国から所在の把握をされ続けてしまうのです。つまり、ＧＰＳ捜査は、国による行動の管理を実現させる捜査なのです」

「司法が示す強制処分の判断枠組みは、捜査機関の行為規範、行動の指針ともなります。そのため行為規範性のない判断は、もはや強制処分の判断枠組みとは言えません」

「冒頭で説明したカウベルですが、ベルの音が相当うるさいようで、オーストリアでは、その騒音を牧畜業者に訴えた人が実際にいたようです。そして、その裁判では、カウベルの代わりに牛の首にＧＰＳ端末をつけて牛の所在確認をするという内容の和解が成立したそうです。ＧＰＳを車に取りつけること、それは、人の行動を管理することに他なりません」


舘が弁論を終えると、会議室には微妙な空気が流れた。たとえ話やエピソードを積極的に入れたのはいいのだが、「カウベル」の事例は、あまり適切とはいえなかった。できるだけわかりやすく書こうと努力したあとはうかがえるが、それでも難しい用語や言い回しのわかりにくさも残っている。

それ以上に亀石が気になったのは、紙に書いた文章を舘がそのまま朗読していた点だった。これでは聞いている裁判官の心には響かない。おまけに、話し方が上から目線の偉そうな演説調になってしまっていた。

小林は舘に言った。

「舘くんさぁ、いつものようにしゃべってくれる？　せっかくいい声してるんだから」

ほかにも指摘が飛んだ。

「たとえ話の必然性がない」

「早口」

根本的な問題を指摘したのは我妻だった。

「人が感動するのは、周りの人のことを思い、考えるときです。自分の子孫に何を残したいのか、自分が生きている社会がどうあってほしいのか。そこに共感できたときに、人の心は動くと思うんですね。それは裁判官も同じだと思います」

舘の弁論の問題点は「表現」にあると看破したのだ。

「難しすぎるんですよ。見ただけで漢字が多い。舘さんの弁論は、この事件の説明と法的解釈の解説なんです。人を動かす弁論は、それとはまったく別物だと思います」

最後の理論構築

この日の会議は、亀石が２０１３年に弁護を受任してから約３年間にわたる弁護活動のなかで、最後の最後で伝えなければならない大事な点は何かについて弁護団内で研ぎ澄ましていくための時間となった。

一審の予定主張や控訴審の控訴趣意書、上告審の上告趣意書でさまざまな主張を行ったが、何がもっとも本質的で、何を最後に補充して伝えたいかを各自が挙げ、それを亀石がホワイトボードに書き込んでいく。書いては消し、消しては書く作業を繰り返すなかで、弁護団の頭の中は少しずつ整理されていった。いちばん伝えたいこと、それは、この裁判を起こした原点である「ＧＰＳ捜査は強制処分である」だった。それでは、この重要なメッセージを伝えるために何を言うべきか――次のような言葉が浮かび上がった。

「ＧＰＳ捜査は、重要な権利・利益の侵害である」

その点を主張するためには、ＧＰＳ捜査で得られる位置情報が、プライバシーで保護されるべき情報なのだと言えなければならない。位置情報は単なる数字の羅列、記号の集合体などではなく、人間のプライバシーを表現しているものだと証明できなければならない。

たとえば、教会にいる事実を知られたら、その宗教を信仰していると思われる。たとえば、ある政党の事務所にいる事実が知られたら、その政党を支持していると思われる。

たとえば、ラブホテルにいる事実を知られたら、性的なことを想像される。

人間の行動は、その行動の結果としての位置情報は、人間の内面を表す。だからこそ位置情報は、保護すべきプライバシーにあたると考えられる。このプライバシーは人間の重要な権利・利益である。誰にも干渉されず、自分のアイデンティティを形成するプロセスを守るものなのだ。

「やましいことがなければ、監視されても困ることはないはずだ」

よくある反論だ。だが、これは、プライバシーの意味をはき違えている。プライバシーは、やましいことを隠すためにあるのではない。プライバシーが「誰にも干渉されることなく、自分のアイデンティティを形成するプロセスを守るもの」であるからこそ、人が個人として生きていくうえで不可欠な、重要な権利だと言える。位置情報は人の内面としての表れだから、プライバシーとして保護されるべきだ。それを暴こうとするGPS捜査は、人間の重要な権利・利益を侵害するものと言える。だからこそ強制処分なのである。

この主張を固めたうえで、弁護団は弁論で五つのポイントを伝えることに決めた。

①プライバシーとは何か
②プライバシーは大事だ
③位置情報はプライバシーだ
④ＧＰＳ捜査は強制処分だ
⑤この裁判は大事だ

この五つのポイントを、どういう言葉で伝えるかについて考えた。「話し言葉で相手に語りかけるように」「相手の心に届けることを意識する」「一文をできるだけ短くし、簡単な言葉で表現する」。長々としゃべっても、他人の頭には入らない。これはどんなプレゼンでも同じだ。後藤弁護士のアドバイスにしたがってせっかく延ばした制限時間だが、30分にこだわるのはやめた。30分間話すために弁論の原稿を考えるのではなく、伝えたいことを集めた結果、どのくらいの長さになるかを受け入れればいい。

論理的な主張をして無味乾燥になるのではなく、自分たちらしさも出そうとした。そこで、冒頭に弁護団の自己紹介を入れるという案を考えた。全員が法科大学院出身で、刑事事件の経験は豊富ではない。その自分たちがこの事件を争うことにしたきっかけ、どういう思いで大法廷にやってきたかなどを、一五人の裁判官に知ってもらいたいと考えたのだ。

ラフランスが教えてくれた

会議は、五つのポイントのうち、GPSの「位置情報」についての議論に入った。

「位置情報はプライバシーだけど、位置情報そのものは意味を持たないよね？」

「たしかに。いつ、どこにいたか、それ自体は意味を持たない。けど、それは人からの評価にストレートに結びつくんじゃない？」

「どういうこと？」

「たとえば、ある人が飛田新地《とびた》にいたとするよ。その人の嗜好《しこう》が実際はどうか別として、他人からは、ある特定の行為をしたのではないかと疑われるよね」

「なるほど。位置情報が人の評価を決定するってことだね」

「飛田新地にいるのが知られたら、やましく感じる人もいるよね」

「やましい事情も、位置情報によって暴かれてしまう」

「なるほど。じゃあ、やましくなくても、どこにいるか知られたくない例があるかな？」

「そういえば、去年のクリスマスの夜、一人で事務所で仕事をしてたんだよね。これって『クリぼっち』じゃん。それはあんまり人に知られたくない」と亀石。

「そうか。やましくなくても、クリスマスの夜に事務所にいるという事実が知られてしまうと、友達いないのかなとか、かわいそうだな、とか人の評価を受けてしまう。それは嫌だということだね」

「そうそう」

「僕は昔、おかんに『今日、どこ行ってたん？』って聞かれるのがめっちゃ嫌だったんですよね。なんでおかんに言わなあかんねんって思ってたんですよ」

「なんで嫌なの？」

「監視されているみたいだから」

「聞かれることによって、素の自分を丸裸にされるような気分になるよね」

　位置情報がプライバシーであるという理屈は、どうやら成立しそうだ。しかし、それを強制処分と言おうとしたときに、どうしても尾行とGPSの違いに向き合わなければならなくなるのだ。尾行は「ある人間が別の人間の位置情報を肉眼で取得する行為」である。

「同じように位置情報を取得する尾行は任意捜査（任意処分）。GPS捜査との行為の違いをどのように説明するの？」

この点をクリアできなければ、強制処分の主張に説得力を持たせられない。一審からGPSを担当してきた小林と西村は、この尾行とGPSの違いについてずっと悩んできた。

任意処分か強制処分かという区別は、結果として得られた情報で決まるのではない。同じ位置情報を得られることがあれば、同じ性質の行為になるわけではない。

たとえば、カバンの中身を任意に覗き見ることができる場合がある。しかし、カバンをエックス線という科学技術で透かして観察する行為は強制処分に該当する。また、捜査対象者の電話での会話も近接していれば事実上聞き取ることができる場合がある。しかし、電話傍受によって会話内容を聴取する行為は強制処分である。

つまり、尾行で位置情報を取得できるからといって、GPS捜査を尾行と同視する根拠にはならない。問題は行為の違いであり、尾行とGPS捜査は次元が異なる——ここまでは、一審段階で到達し、確信をもって一貫して主張してきた。

ただ、その「行為の違い」について、決定的《クリティカル》な説明が見つかっていなかったのだ。

悩みながら考える過程で、小林は後藤弁護士に言われた「ピチョッとつけたらアカンやろ」という言葉が引っかかっていた。後藤に会いに行ったとき、彼はGPS事件の概要をほとんど知らなかった。事件を知らない後藤が概要を聞き終えて上げた第一声が

「ピチョッとつけたらアカンやろ」だった。

検察官は、「GPSは尾行の補助手段である」と主張している。小林は後藤にそう伝えた。それこそが、任意処分説の根拠だった。

「尾行と一緒って、そんなことないやろ。くっつけたらアカンやろ」

後藤は、大多数の刑法学者とは違い、あくまでも「くっつける」という行為にこだわった。第一線で活躍するベテラン刑事弁護人が、プライバシーよりも先に「くっつける」違和感に目をつけた。後藤がそこに問題を見出したことが、小林はずっと気になっていた。

「後藤先生が言ってた『ピチョッとつけたらアカンやろ』って、どういうことなんだろう？」

「GPSをピチョッとつけたらアカン……ん？　くっつけたらダメだってこと？　じゃあ、そのピチョッとつけるモノが、GPSじゃなくてラフランスだったらどうなるんだろう？」

亀石の突然の「ラフランス」発言だった。

「え？　梨の？　なぜラフランス？」

「別に、ただ食べたいなと思っただけ。でさあ、他人の車やバイクにピチョッとつけたのがラフランスだったら、何も問題ないわけ？」

「いや、他人が所有するものに無断で何かをつけるのだから、財産権の侵害にはなるね」

「ラフランスをくっつけるのも、ＧＰＳをくっつけるのも、財産権の侵害という意味では変わらないよね。でも、ラフランスとＧＰＳが決定的に違うのは何？」

「それは、人のプライバシーを侵害し得るものかどうかでしょ？」

ヒントがつかめそうだった。

「ラフランスはただの物体。でもＧＰＳは、人の位置情報を取ることを本来的に予定されている機器。ラフランスもＧＰＳも同じ『くっつける行為』だけど、人のプライバシーを侵害し得るものをその人のプライベートな領域にくっつけてしまうのがＧＰＳってこと。だから後藤先生の言った『くっつける行為』があるかないかが、尾行とＧＰＳの決定的な違いなんじゃない？」

全員が、小林の話の有効性について考えている。尾行は個人の位置情報を取得するが、外から観察するだけで、人のプライバシー領域には踏み込めない。しかし、ＧＰＳは個人の位置情報を取得できる物体を、人のプライバシー領域に「くっつける」ことができる。そこが違う。

取付行為——このことがこれまで検討されていないわけではなかった。一審段階では、財産権を侵害し、また、私有地や私有車両場所的プライバシーを侵害するものと整理されていた。もっとも位置情報プライバシーを問題とする以上、個別の取付行為は位置情報取得の前段階のものとして焦点をあてない、という判断をしていた。

しかし、位置情報をいつでも捕捉できる物体を私有物に知らないうちにつけられていることに人が強い抵抗を感じる事実は、まさにその点にあるのかもしれなかった。何よりも取付行為にまで遡れば、尾行との行為の違いを明確に区別できる。

しばらくの沈黙のあと、西村がボソッとつぶやいた。

「……それしかないんじゃないですかね」

「気づいちゃったね」

弁護団は、新たに発見した考え方に、手ごたえを感じた。

「人のプライバシーを侵害する位置情報を取ることが予定されているモノをくっつける。だったらそれは、検証許可状ではできないでしょ」

「どうして？」

「ぐっと腕を伸ばして車両にＧＰＳを取りつける行為は、形状や状態を『五官の作用』で認識する『検証』っていう言葉からは、かけ離れているでしょう」

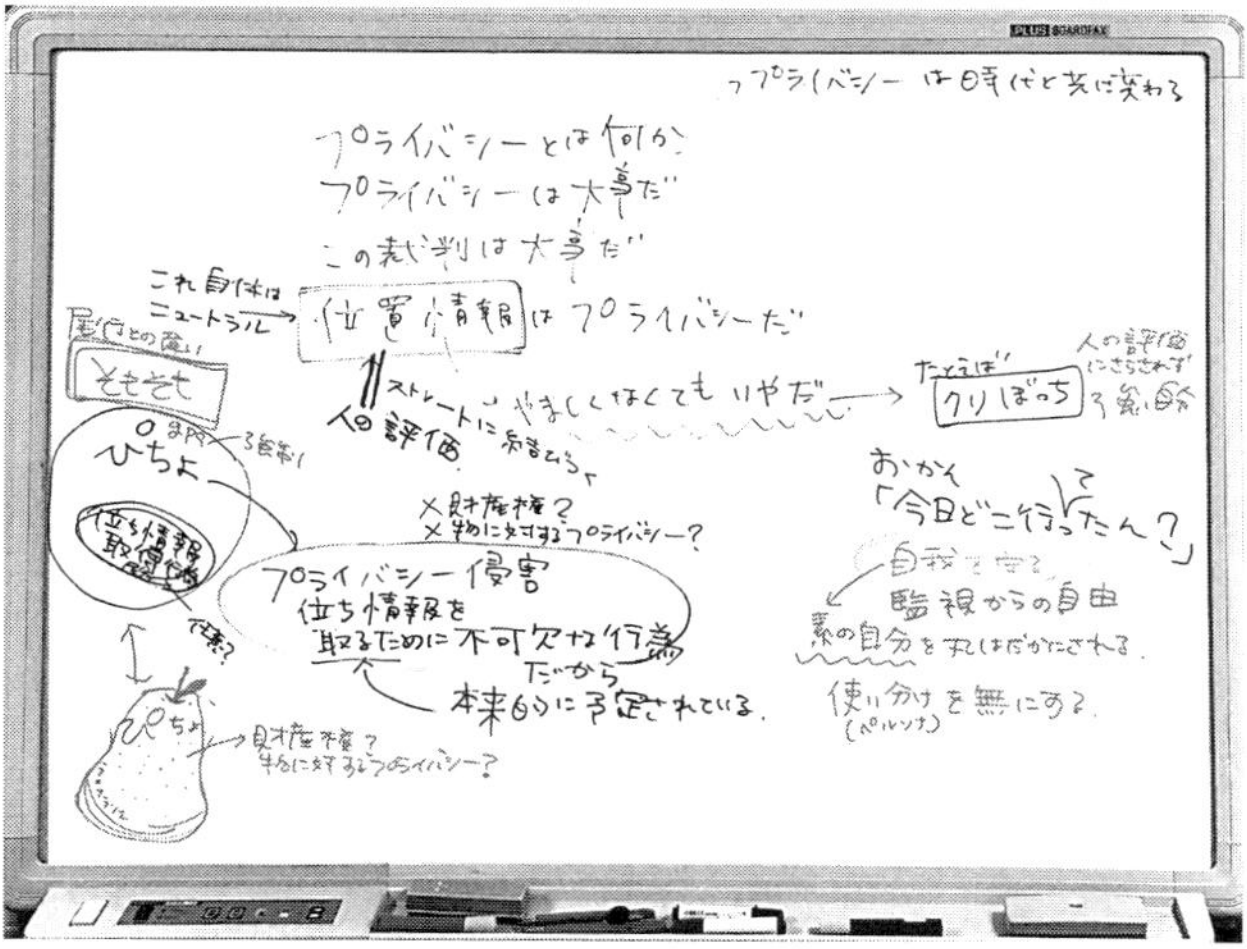

この時の会議で使用されたホワイトボード。左下にはラフランスの絵も見える。

「それに、検証許可状には発付の申請をするときに条件を書く欄があるよね。そのうちの一つに『犯罪と無関係の部分をどうするか』も明示しなければならない。たとえば、GPSを取りつける車と被疑者の罪名を特定しただけでは、無関係の人の位置情報を取ってしまうことが防げない。だから、検証許可状の発付の条件が満たされないじゃない」

「そうか。そのための令状をつくらないとできないね。ネーミングは『ぴちょ令状』かな」

ここまでの議論で、弁護団は尾行とGPS捜査の決定的な違いの説明にたどり着くことができた。ただ、問題があった。

「でも、僕たち、一審から今まで、そんな風には主張していないよね……」

弁護団は、上告趣意書にそのような観点では尾行との行為の違いを説明していない。書いていないことを弁論で言うのは、はたして許されるのだろうか。

「たしかに。でも、そんなの関係ないよ。気づいちゃったんだから、言おうよ」

いつもよりはるかに長い、2時間半に及んだ会議はようやく終わった。


警察官が車に張りついてる!


このときの議論が、西村を触発した。

GPSと尾行では、「くっつける」行為において決定的な違いがあることはわかったが、その「くっつける」行為をひと言で裁判官に納得させるという課題は依然として解決していない。先日の弁護団会議を経て、西村には、納得させる答えの「輪郭」のようなものは見つかっているが、まだ明確な「像」は結んでいなかった。

ひらめきはいつも唐突だ。

西村は毎朝、自宅から西天満にある事務所まで電車で通勤している。JR東西線の北新地駅で下車し、徒歩で事務所に向かう。40分の通勤時間は、西村の思索の時間だ。文書の構成や新しいアイデアを練っては、スマートフォンのメモ機能に打ち込んだ。その朝も、GPSと尾行の違いを比喩的に説明する言葉を探していた。

「竹槍とミサイル」という言葉が突然思い浮かんだ。

尾行は人が目視できる範囲の相手を人力でひたすら追跡する、いわば極端なアナログの技術である。刑事ドラマを見ても、登場する刑事は尾行に苦労している。西村は、そのアナログのイメージから、戦場で二等兵が竹槍を持って戦っている姿を思い浮かべた。

一方、GPSはすべてを俯瞰できる衛星から、デジタル信号で一瞬のうちに居場所を特定できる。そこから、狙った場所に正確に着弾する最新鋭のミサイルのイメージが浮かんだ。

西村は、昔から突拍子もない発想をするタイプだった。だが、この比喩は、これまでの主張の枠組みの域を出ず、取付行為の問題性の説明にもなっていない。

諦めて別の方向で考え始めたとき、新たな発想が浮かんだ。尾行は警察官が被疑者を目視できる範囲内で、最大限遠くから行動を確認する。一方のGPSは、被疑者の車にぴったりとくっついている。GPSを擬人化すると、警察官が被疑者の車の底に直接張りついている姿のイメージが湧いてきた。

西村は、そのイメージを急いでスマホのメモに打ち込んだ。西村が行き詰まっていたのは、「アナログの尾行をデジタル化したのがＧＰＳ」という思考から抜け出せなかったからだ。デジタル化やデータ化だけでは、行為の本質的差異を説明できない。このとき、その発想から自由になる思考に気づいた。

ＧＰＳは「アナログ化したら尾行になる」のではなく、「車両に張りつく行為」になるのではないか。警察官が車両の底に張りつく行為――ＧＰＳのテクノロジーが可能にしているのは、そのような、本来ありえないような行為だったのだ。車両に張りつく行為と車両を追いかける行為。その違いに思い至ったのが、西村の進化だった。西村は「これはいける」と確信し、すぐさま弁護団に報告した。

「ちょっと良いの思いついたんやけど」

西村が何を言い出すのか、他のメンバーの期待が高まった。

舘は、西村の少し落ち着いた真面目な声を聞いて、スマートで論理的な発想が浮かんだのだと思った。というのも、西村は日常的にふざけた言動が多いが、会議では落ち着いた物腰で論理的な発言をする。

「で、何？」

「うん。こうやって、警察官が車に張りついてるねん！」

「は？」

五人は、はじめ西村が何を言っているかわからなかった。西村の発想を聞いた舘は、

「こいつ大丈夫か？」と心配になった。

西村は、仲間たちの反応の悪さに気づいた。伝わっていない。どうやら、冗談を言っていると思われているようだ。しかし、西村にとって、自分の発想は完璧だった。それにもかかわらず反応が薄いのは、仲間たちの理解力が足りないからだと断じた。

「え？　わからへん？」

西村は、思い浮かんだ発想をしゃべり続けた。最初は受け入れられなかった考え方も、説明を続けるうちに弁護団に理解されていった。最終的には、「被疑者の車に張りつく警察官」という発想は、弁論のＧＰＳパートの核心を成すアイデアとして取り入れられる。

一審の予定主張記載書面を作成しているときから喉に刺さっていた魚の小骨――任意処分の尾行と強制処分のＧＰＳとの違いをひと言で言い表すという課題――は、西村の突拍子もないひらめきのおかげで、ギリギリのところで取り除かれたのだった。

誰がやる？

アイデアは次第に固まってきた。だが実際の弁論はどうするのか。舘をはじめ弁護団の頭を悩ませていたこの問題に大きなヒントを与えたのは我妻だった。

その日、我妻は別件で東京出張に行っていて、会議の前半は不在だった。

「遅れてすみません。でも、帰りの新幹線で書いてきたものがあるんで」

「じゃあ、やってみてよ」

我妻は、おもむろに弁論を始めた。

「ある信仰を持ち、宗教団体の集まりに通う人がいました。その宗教団体は、政府の行き過ぎた政策に疑問を呈していました。彼は、政府から弾圧されるのではないかと心配でした。それでも、集会に通い続けることができました。

ある人が、ある政治家を応援する活動をしていました。彼はそのことを周りに知られたくありませんでした。それでも彼は、選挙事務所に行き、街頭演説も手伝いました。

彼らを権力から守っているのは、プライバシーです。プライバシーは、監視から自由で、人の評価から自由で、自分がいつどこにいるのかを自由に選択する権利です……」

この後、我妻は、ナチスを応援しながらも、最終的にはナチスによってホロコーストに送られた牧師のエピソードを引き合いに出し、人々が「自分には関係ない」と思って抗議の声を上げずにいると、いつのまにか恐ろしい事態がやってくるのだという教訓を平易な語り口で語ってみせた。

いつのまにか、弁護団の皆がひきこまれていた。

「……10年後、20年後に、私たちがこの裁判を振り返ったとき、正しかったと思えるような判断をしていただきたいと思っています。私たちの子孫がこの裁判のことを知ったときに、私たちを憎むのではなく、感謝してくれる判断になることを願っています」

我妻の弁論が終わると、自然と拍手が出た。重苦しい空気が吹き飛んだ。

「そうか、弁論はこうやればいいのか」

弁護団は一瞬にして理解した。亀石と我妻を除く四人にとって、弁論は証拠に基づいて法的意見を述べるものという位置づけだった。しかし、我妻の弁論を聞いて、歴史上の逸話、エモーショナルな訴えかけなど、人を惹きつける表現がどういうものかがいっぺんに理解できた。舘の弁論がヤリ玉に挙げられたが、舘の弁論だけが特別に悪かったわけではなかったのだ。

我妻の弁論は、それぞれの弁論の至らない点を指摘するより、はるかに効果があった。我妻の原稿は取り合いになった。それぞれが我妻の原稿を自分の言葉で読み上げた。同じ原稿でも、その人の話し方の違いによって印象が変わることを体感した。

我妻は以前から「東京法廷技術アカデミー（ＴＡＴＡ）」に所属し、インストラクターを担うまでになっている。

ＴＡＴＡとは、２００９年の裁判員裁判の開始を受けて「法廷で市民に理解される口頭中心の法廷活動を行う技術を身につけること」を目的に２０１２年に弁護士有志で結成、２０１３年に一般社団法人として設立された。４～５日間のワークショップを通じて、より高度で実践的な法廷技術を個別指導する。大阪パブリックで亀石を指導した高山も、我妻と同じくインストラクターを務めている。

舘は、その日のメーリングリストにこんな投稿をしている。

《いろいろと手を焼かせてすみません！　我妻さん、亀石さん、みんな、ほんとにありがとうございます。いま、一人で残ってコソ練してます。我妻さん、さっきの弁論のデータください。みんなそれぞれ練習して。弁護団として、後悔だけはしたくないで

す！》

この時点で、誰が当日の弁論を行うかは決まっていなかったが、弁護団の中には舘に弁論をやらせてあげたい「親心」のような雰囲気が芽生えつつあった。

●舘はこの弁護団の団長を務めている
●弁護団には、舘に花を持たせようという目標があった
●人が嫌がる面倒なことを、率先して取り組む舘の姿勢が評価されている
●最高裁で弁論が行われる決定が出たあと、いち早くオーダースーツをつくった
●大法廷での弁論を、誰よりも弁護士としての晴れ舞台だと思っている

ストレートには表現しないが、舘自身、弁論をやりたいと思っていた。そもそも、弁論はやりたいと思う人にやってもらわなければ意味がない。ただし、現時点での舘の状態から大法廷で感動を呼ぶ弁論ができるレベルにまで引き上げるには、相当の覚悟をもって練習しなければならない。

亀石が唐突に聞いた。

「誰かやりたい人いる？」

その言葉に、小林、西村、小野、我妻は口々に言った。

「僕はいいです」

「どうぞどうぞ、亀石さんやってください」

基本的に、この四人はあまり前に出たがるタイプではない。亀石が最初に事件を受任して、この事件を争うきっかけをつくったのだから、亀石は短くても何かを言ったほうがいいというのが弁護団の一致した意見だった。当面のところ亀石と舘の二人、内容によって三分割できるのであれば、もう一人を加えて三人でやろうという方向で意見はまとまった。

その後、自身の考えた文章が弁護団から高く評価された小林が加わり、結局、大法廷での弁論は三人で臨むことになる。

アドバイス

弁論の内容、方向性に各々が苦悩している中、年末にアレンジした園尾弁護士の話を聞きに行く日が来た。弁護団からは、亀石と舘が参加し、先方は園尾と、この話をもちかけてくれた藤が参加した。四人は東京駅にほど近い和食の店で食事をしながら雑談を重ねた。

園尾は判決についてはこう断言した。

「判決を変更する可能性はないと思いますけどね。これは、小法廷でも判断できる事件ですから」

いきなりの言葉に、二人は軽く衝撃を受けた。

「では、なぜ大法廷に回付されたのでしょうか」

「おそらく、第二小法廷で判断が分かれたからではないでしょうか」

第二小法廷は、寺田長官を含め、五人の裁判官が所属する。ただし、長官は小法廷の審理には加わらない。残りの四人で審理した結果、事件の扱いについて二対二に分かれたというのが園尾の見立てだった。

「その第二小法廷には山本庸幸《つねゆき》裁判官がいます。この方は立法のプロですから、立法の必要性に言及する可能性があります。私見ですが、山本さんとしては非常にやる気を出す事件なのではないでしょうか」

園尾の見解に、亀石と舘は勇気づけられた。

亀石は弁護団会議で決めた、弁論に関する方針を伝えた。

「それでいいと思います」

園尾は頷《うなず》き、元裁判官としてのアドバイスを語り始めた。

「いずれにしても、結論はもう決まっています。弁論は、セレモニーでしかありません」

噂は本当だったようだ。二人は、ふたたび軽い衝撃を受けた。

「どのような弁論をしても結論が変わるわけではないのだから、開き直って、楽しく、自由にやってください。それから――」

ひと呼吸置いて続けた。

「言いたいことをいろいろ言うのではなく三つぐらいに絞り、前座の噺家《はなしか》のような気持ちになって、胸を借りるような気持ちでやってください」

落語の高座では、前座の噺家は会場の隅にいる観客にも届く大きな声で「前座噺《ぜんざばなし》」をして会場の雰囲気を温める。東大落語研究会に所属していた園尾ならではのアドバイスだった。

「大阪からやってきた、まだ知識も経験も足りない若手の弁護士が、大法廷に来て何を言うんだろう。裁判官は、ワクワクしていると思います。ですから、みなさんの弁論でぜひ最高裁の裁判官を楽しませてあげてください。最高裁の判事になるような人は、若い法律家の考え方に興味を持っています。ですから、昔のベテラン弁護士のような、権威ある人の言葉を借りてくるのではなく、自分たちの言葉で伝えるのを目標にしたほうがいい」

「それでいいんですか？」

「ええ。大切なのは、どう伝えるか、どう感情を共有するかです。弁護団のみなさんが『大法廷で弁論ができる！』とワクワクしながら楽しんでやれば、裁判官にも何かが伝わると思いますよ」

亀石と舘には、園尾の一つひとつの言葉が新鮮で、含蓄のあるものに思えた。

大法廷での弁論は法律家・メディアも注目する。そうした状況のなか、どういうことを言えばいいのか弁護団は悩んでいた。自分たちが伝えたい思い、やりたい方法はあるが、本当にそんなことをしていいのか、不安に思う気持ちもあった。しかし、園尾の言葉を聞いて、自分たちの方針通りにやっていいのだという確信を得ることができた。

最後に、亀石は園尾に判決の言い渡し日について尋ねてみた。

判決も弁護団メンバー全員で聞きに来たいと思っていた亀石は、津田書記官に判決の言い渡し日について何度も質問をしていたのだが、津田は「それは弁論の日に指定します」と言うばかりで、かたくなに教えてくれなかったのである。

「判決の言い渡しは、弁論の日からそれほど日を置かないはずです。おそらく、3月中旬から下旬の水曜日だと思います」

「水曜日なんですか？」

「そうですね」

「では、判決言い渡しの日に、弁護人が他の予定を入れていたらどうなるんですか」

「そんなの……弁護人が来なくてもやりますから」

「ええ？　そうなんですか？」

「はい。ですから、もしも同じ日に別の裁判の期日が入っていたとしたら、堂々と『期日を変更してくれ』と言ってください。『最高裁の大法廷でGPS事件の判決が言い渡されることになったので、都合が悪くなりました』と。そう言えば、きっと『それは仕方がない、変えましょう』となるはずです。裁判官も検察官も、法曹関係者であればその意味と凄さをわかっています。普通の裁判の期日とは格が違うのだから、堂々と期日の変更を申し出るべきです」

園尾の言葉に、二人は改めて大法廷の凄さを実感した。

後日、亀石は津田書記官に園尾の言ったことをぶつけてみた。

「判決の言い渡しは水曜日だという噂を耳にしたんですけど、それは間違いないですか？」

津田は、しぶしぶ認める。

「それは……それでいいです」

「3月中に言い渡されるという噂も聞いたんですけど、それでいいですか？」

「……まあ、そうですね」

「ということは、私たちは3月のすべての水曜日を空けて待っていれば大丈夫ですか？」

「……まあ、そういうことになりますね」

最高裁の慣例は、今も昔も変わっていなかった。

書記官を怒らせる

1月30日、亀石はふたたび最高裁の津田書記官に電話を入れた。

このころまでには、大まかな弁論の内容と、誰がどの部分を担当するかが固まった。通しでリハーサルを行うと、およそ18分の弁論になった。

「15分は超えるかもしれませんが、20分はかからないと思います」

亀石の申し出を津田は受け入れてくれた。

問題は、弁論要旨の中身だ。弁論の原稿はほぼ完成していたが、事前に詳細が裁判官に知られるのは避けたかった。当日、自分たちの思いを語りかけ、耳を傾けてもらいたかったからだ。できれば一文たりとも出したくない。亀石は、様子をうかがうように尋ねた。

「箇条書き程度のものになると思いますが、それでも出さなければいけませんか？」

即答する津田。

「出してください」

これで、書面を箇条書きで提出しても怒られない言質が取れた。蒸し返されないように、亀石はすぐに話題を変えた。

「判決の日は決まりましたか？」

この問題に関しては、津田は相変わらず歯切れが悪い。

「それは、まだなので。ただ、先生がおっしゃっていたように対応していただければ」

弁論要旨の提出が迫った2月4日、弁護団での最終的な話し合いの末、以下の内容で提出することに決めた。

第一　はじめに

第二　GPS利用捜査の性質と規制のあり方
一　「特別の根拠規定がなければ許容することが相当でない手段」の意味
二　GPS利用捜査は強制処分である
三　GPS利用捜査に対する規制は国民の総意によるべきである
第三　位置情報の要保護性
一　プライバシーは人が強く生きるために不可欠である
二　位置情報は人の内面を映し、その扱われ方は人の生き方を左右する
第四　おわりに
一　権力による監視は、国民全体の問題である
二　この裁判の意義

2月6日に提出した翌日、津田書記官から電話が入った。

「何ですか！　これは!!」

このときの津田の剣幕はものすごかった。言外に「ふざけないでください」「こんなもの見たことがありません」という意味を含んでいるように聞こえた。それまでの電話のやり取りから、津田書記官はかなり穏やかな人柄だと亀石は勝手に想像していたが、

このときばかりは文字通り「怒りに震えているような声」だった。

でも、ここで怯《ひる》んだら負けだ。亀石は食い下がる。

「いや、でも、これを見ればだいたい何を言うかわかりま……？」

津田は亀石の言葉が終わらないうちに、さらに強い口調で言葉をかぶせてきた。

「『はじめに』じゃあ、わからないです。『はじめに』で何を言うんですか？」

しまった。たしかに何も書いていない。でも、ここで弱気になってはいけない。

「じゃあ、それぞれの項目について三行ずつくらい加筆し、だいたい何を言うかわかるようにすればいいでしょうか？　読み上げ原稿は今も検討中ですし、直前まで変わる可能性があるんです」

津田は、しぶしぶといった様子で答えた。

「それで……いいです。明日中、どうしても間に合わなければ今週中に絶対に出してください」

猛練習

弁論を担当することになった亀石、小林、舘の三人は、猛練習に明け暮れた。当日に緊張しないよう、そして、一五人の裁判官一人ひとりに訴えかけるように話すために、最高裁のウェブサイトにある裁判官の顔写真を全部拡大して印刷した。一五人の顔写真を部屋の壁に張り、写真に向かって話す練習をひたすら繰り返した。

とくに舘は、弁論が書かれた用紙に、間《ま》を取る場所をレ点で記入していった。原稿を読まずに裁判官の目を見て話さなければならないので、内容はすべて頭に入れないといけない。覚えやすいようにフォントを変えたり、色をつけたりして変化を持たせた。

晴れ舞台のために新調したスーツは、着慣れするために1週間前から着ていた。スーツを着て、鏡や夜の窓に自分の姿を映し、姿勢も入念にチェックした。近所迷惑になるので、夜間、家で大きな声を出して練習することはできない。通常の仕事が終わってから事務所に残り、そこで練習を重ねた。家の中で唯一練習可能な場所は風呂場だった。

花粉症が始まる季節、街にはマスク姿の人があふれていた。通勤中、舘はマスク姿でブツブツとつぶやきながら電車に乗った（マスクで口元が見えないため、怪しい人だと思われずに済んだ）。どこに行くにも原稿を持ち歩き、不安な点があればすぐに取り出す。

弁護団会議でも、舘はみんなの前で弁論を繰り返した。

声が高すぎると指摘されて低くすると、今度は低すぎると言われた。読み上げるスピードも「速い」「遅い」と言われ続けた。抑揚をつけたり、語尾を上げたりする癖を直せと言われて気をつけると、必要以上に平板な読み方になって「おまえは機械か」とツッコミを入れられた。舘はどんな指摘にもめげずに努力を重ね、少しずつ弁論の質を高めていった。

小林もまた、練習時間は十分に確保した。弁論を録音して音声を聞き直し、悪いと思ったところを修正していく。小林もスーツを着て読み上げては少しずつ違和感をなくしていった。スーツを着たのは、〝ヨソ行き〟の状態でやりたかったからだ。自宅で、リラックスした服装で、いくら完璧にできるようになっても、当日、ヨソ行きの格好になると普段と勝手が違ってしまって、力を発揮できなくなってしまうと思ったのだ。

これは、我妻に教えてもらった方法だった。弁論に慣れている我妻も、毎回緊張するという。だから、自宅での練習でもスーツを着て鏡の前に立って弁論を録画し、チェックを繰り返しながら何回も何回も練習を重ねる。そうすれば、当日はそれほど緊張しないようになるというアドバイスだった。

弁論の内容が固まったのは1月末、それから当日まで3週間、毎日最低5回はやった。小林が弁論で述べる内容が固まったのは、舘のパートに比べてかなり遅かった。猛特訓によって力をつけていった舘に追いつくためにも練習量を増やすしかなかった。

弁論を翌日に控えた２０１７年２月21日。

季節は、１年で最も寒い時期だった。雪の影響で交通機関が乱れる可能性もある。弁護団は、１日早く東京に乗り込むことにした。前日に西村あさひ法律事務所の会議室を借りてリハーサルを行い、それを園尾弁護士に聞いてもらう約束も取りつけていた。


リハーサルは上々だった。

「素晴らしい！　それでいいと思います」と園尾が太鼓判を押してくれた。園尾が親切で誉めてくれたことはわかっていたが、自信がついたのも確かだった。

その園尾は、最後に弁護団に次のようなアドバイスを贈った。

「裁判官は、スフィンクスのように無表情である訓練をしています。無表情で、優しくも攻撃的でもない。だから、どんなことにも動揺しないように」

リハーサルを終え、亀石、西村、小野の三人はその日宿泊する「全国町村会館」にチェックインした。最高裁判所から目と鼻の先にあるホテルだ。小林は千葉の、舘は東京の実家に宿泊するため、それぞれ家路についた。我妻は仕事の関係で、当日に東京入りする。

弁護団が大法廷に乗り込む日が翌日に迫っていた。

第十章

勝負

一夜明けた２０１７年2月22日、最高裁大法廷での弁論の日。弁護団は、午前11時に三人が宿泊する全国町村会館に集合、地下１階のレストランに入った。

普段は、昼時ともなると近くのオフィスビルで働く人や官公庁の職員が引きもきらず、いつもにぎわっている。だが11時の店内は、人がまばらだった。一緒に座れるように席を整えてもらった六人は、早めのランチをとることにした。だが、弁論を行う予定の亀石、小林、舘の三人は、激しい緊張のせいか食が進まない。弁護士人生で二度とないかもしれない大法廷での弁論という重圧は、神経を過敏にしてしまう。

一方で、弁論予定のない西村、小野、我妻の三人は、弁論組の三人をよそに、いつものようにリラックスしていた。雑談を交わし、頼んだ料理をバクバク食べている。弁論組はその「バクバク」食べる姿が妙に癪に障った。

「誰だよ、この『おのぼりさん』たちは」

「観光でもしてとっとと帰ってください」

普段なら、もう少し気の利いた軽口が飛び出すところだが、切れ味も鈍い。

亀石の部屋をレイト・チェックアウトにしていたので、食事を終えた弁護団は亀石の部屋に行き、時間まで練習することにした。

「あーっ、もうっ！」

原稿通りの言葉がスムーズに出てこない。苛立った小林が吐き捨てた。

全国町村会館の周辺には、国会議事堂や首相官邸、議員会館などが集中している。運悪く、ちょうど街宣車が大音量を轟《とどろ》かせていた。気が散って集中力が続かず、頭に入っているはずの弁論が飛んでしまった。

「あーっ、ちょっとー。もう一回やる」

亀石は苛立って何度も繰り返すが、何度やってもつかえてしまう。

チェックアウトギリギリまで粘ったが、納得のいく仕上がりにはほど遠かった。

最高裁へ

全国町村会館から最高裁まで、徒歩でも10分はかからない。午後1時15分からの弁護団の入庁シーンの撮影には、午後1時にチェックアウトすれば十分に間に合う。

全国町村会館を出た六人は、目の前の青山通りを右手に下り、隼町の交差点に出た。首都高速道路の高架で遮《さえぎ》られてはいるが、石造りの建物が見え隠れする。要塞のように見えるその建物こそが最高裁判所だった。最高裁は１９４７年５月３日、日本国憲法の施行と同時に発足した。現在の庁舎は、１９７４年、亀石の誕生と同じ年に完成している。

隼町の交差点を斜向かいに渡り、青山通りを三宅坂方面に進む。三宅坂の三叉路を左に曲がると、50ｍほど先に守衛の姿が見える。正門だ。

守衛に弁護士であることを告げて正門から敷地内に入ると、すでにマスメディアの一団が集まっていた。弁護団の入庁シーンの撮影準備のため、スタッフらしき面々が慌ただしく動いている。

「はい、じゃあ歩き出してくださ〜い！」

テレビ局のディレクターの合図で、弁護団は亀石を先頭に歩き出した。一審のときから何度も入庁シーンの撮影は経験しているが、この日はカメラの台数が桁外れに多かった。

撮影を終えると、そのまま正面玄関から中に入る。階段を上ると、天井の高い大ホールがあった。その大ホールの奥にあるのが、５７４㎡と国内の法廷の中では最大の広さを誇る大法廷だ。弁護団はまず、大法廷そばの控室に案内された。六人の弁護団の控室としては、無駄に思えるほど広い。部屋の中央には大テーブル、その周囲には一人掛けのソファがたくさん配置されている。広い空間を持て余すように、六人は落ち着かない気分でソファに座った。

時刻は午後1時25分、入廷までまだ20分ある。亀石、小林、舘の弁論組三人は、ホテルでの不完全燃焼を取り戻そうと控室でも練習を始めた。ソファから立ち上がり、部屋の中をウロウロしながら自分のパートをブツブツつぶやきはじめる。座っていると、どうにも落ち着かなかったからだ。やがて、三人は無意識のうちに一列になってソファの周囲を回り始めた。歩きながら言葉を確かめ、頭の中と口に刻み込もうとした。

緊張感のない西村と小野は、三人の様子を眺めていた。すると、西村がおもむろに立ち上がり、一列になって部屋の中を回っている三人の後ろについた。彼らをリラックスさせようという気持ちがほんの少しだけ頭に浮かんだ。

ピリピリした過剰な緊張感もよくないだろうと思い、西村が三人の後ろについたのを見て、これはいいと小野も西村の後ろについた。結局、五人が一列になって部屋の中を何度も回り始めた。

「お前ら、回るんじゃねえよ！　関係ねえだろ！　座ってろよ」

弁論組がそう言うと、非弁論組が言葉を返す。

「いやあ、緊張しちゃって、いてもたってもいられないんですよ」

「混乱すんだよ、頭に入れてんのに！」

とは言いつつも、五人で部屋を回り続けることで、緊張がほぐれている実感があった。

時刻は、間もなく午後1時45分になろうとしていた。

小林が亀石と舘に言った。

「たしかにミスはできないけど、大丈夫だと思うよ」

そして、わざとかしこまった言い方に変えて続けた。

「僕らは一生懸命この事件に向き合ってきたんだ。だから……真剣に伝えれば、多少失敗しても、必ず聞いている人たちの耳と心を打つはずだよ」

形や表現は違っても、今日の弁論を素晴らしいものにしようという思いは六人に共通していた。そして、それをお互いがよくわかり合っていた。

入廷

午後1時45分、控室の扉がノックされた。最高裁の事務官だった。

「そろそろ行きます」

弁護団は荷物をまとめた。ペンとノート、弁論をする三人は万が一の場合に備えて原稿も持った。

「先頭は亀石先生、次は小林先生、その次が舘先生……」

事務官が並び順まで指定する。階段を下り、左にある大法廷へと続く別の階段を上ると、左隅に一般とは別の入口がある。入口から大法廷まで十数メートルの通路が続く。通路の照明が落とされているせいか、右手に広がる大法廷が眩《まぶ》しかった。

通路を歩いているとき、亀石は妙な感覚に襲われた。映像はスローモーション。音声はない。目の前で起こっていることが映像としてはわかるのに、現実感がなかった。

通路の先には大法廷が広がっていた。日本一の広さとはいえ、思っていたほど広くはない。正面には、一五人の裁判官の座席が、法廷全体を見下ろす位置に設置されている。一人ひとりの席にはマイクが備えつけられ、目の前には分厚い六法全書が置かれていた。裁判官の席は、やや湾曲したつくりになっている。どの席からも廷内が自然に見渡せるよう配慮されているからだろう。

弁護団の席は、大法廷に入ってすぐのところにあった。五人掛けのテーブルが前後に二列、裁判官席に向き合う形で設置されている。地裁や高裁とは異なり、最高裁判所は原則として事実を審理せず、憲法違反や判例違反の有無を審理する「法律審」に該当する。そのため、検察官と弁護人とを対立するように向かい合わせる必要がない。

弁護団は職員に促され、あらかじめ最高裁の津田書記官に伝えた通りに着席していく。裁判官席に近い前のテーブルには、弁論をする順番通りに右から亀石、小林、舘の順で、その隣に西村、小野、後列に我妻が座った。

「意外と近いね」

隣り合う小林と舘は小声で言葉を交わした。弁護団席の前列と、裁判官席とはせいぜい5～6mしか離れていない。後ろを見ると、傍聴席と弁護団席の後列の間は、手を伸ばせば届きそうなほどの距離しかない。その距離が、大法廷の威圧感を軽くした。

亀石は、通路から大法廷に入ったとき、大法廷の最後列にある傍聴席が目に入った。166席ある傍聴席と、左右にある合計42の記者席は、ほぼ満席だ。亀石は緊張のあまり傍聴席を直視できず、弁護団席に座って、裁判官席上部の壁に左右一枚ずつある巨大なタペストリーを見たり、天窓のデザインを眺めたりしながら、大法廷を「感じて」いた。見たことのない景色を見ている——亀石はそんな印象を抱いた。イグアスの滝のように、地球上のどこかに存在するが、かなり苦労しないと見に行けない、そんな光景を見ているような感慨があった。

廷内を見渡しているうちに、亀石の緊張は少しずつ和らいだ。傍聴席のざわめきが耳に入ってくる。後ろを振り返り、目を走らせる。父親の顔を見つけると、亀石は手を振った。亀石家は、両親と叔母が亀石の晴れ舞台を見に北海道から上京していた。本来、刑事弁護人が法廷でするような振る舞いではない。緊張感が完全に消え去らないなか、余裕らしきものをみせることで周囲に緊張感を悟られないように努めた。

舘は、弁論の最後を締めくくる。大法廷は相当広いのだろうと予想していたが、入った瞬間に狭いなと感じた。裁判官全員を見渡しながら話すには、体をかなり動かさなければならないと思っていたが、少しだけ動かせばいいのだとわかって少しだけ安心した。立ち上がるときに重要な椅子も、入念に確認した。最高裁の椅子は、大きくて重い。立つときに注意が必要なんだと、そんなことばかり気にかかった。

本番前に何もすることがない状態は余計に緊張感が増すだけだ。文言を忘れないうちに早く弁論が始まらないかなと思いながら、頭の中で自分のパートを繰り返していた。

小林は、大法廷に入った後も、当事者感を持てずにいた。浮かぶのは「大法廷でかい」「薄暗い」「天井が高い」「報道陣の数がすごい」など、第三者的な感想ばかりだった。もともと、小林は地裁の弁論でも声が震えるほど緊張するタイプだが、着席後は、ほとんど緊張を感じなかった。大法廷が一五人の裁判官しか見えないようなつくりになっていたからかもしれない。緊張より集中。小林の準備も整った。

弁論開始

開廷5分前、事務官が宣言を行った。

「間もなく開廷します」

その声を合図に法廷が静まり返る。

静寂のなか、音もなく裁判官席背後の中央にある観音開きの大きな扉が内側に開いた。同時に、傍聴人を含む法廷内の人間が立ち上がり、扉に視線が注がれた。

黒い法服を身にまとった一五人の裁判官が一人ずつ入ってくる。

先頭は、裁判長を務める最高裁判所長官、寺田逸郎だった。寺田は扉を抜けるとまっすぐに進み、裁判官席中央にある椅子に座った。寺田に続いたのは、寺田を除く裁判官のなかでもっとも任官時期の古い岡部喜代子だった。三番目は、岡部の次に古い大谷剛彦、以降、任官時期の古い順に裁判官たちが入廷する。彼らは中央の寺田を中心に、法廷に向かって右、左、右、左の順で着席していった。

2分間の廷内撮影が終わると、裁判官それぞれの席に備えつけられたライトがいっせいに点灯し、裁判官の手元を明るくした。

「開廷します」

寺田裁判長の声が法廷に響く。

「弁護人は、上告趣意書の通り陳述されますか」

亀石は、津田書記官の電話を思い出していた。

（まったく同じだ……）

亀石も、津田書記官に言われた通りの答えを口にした。

「はい。その通り陳述します」

寺田裁判長がさらに続ける。

「上告趣意書に補充して述べることがあればうかがいます」

亀石が答える。

「平成29年2月9日付弁論要旨2に基づいて、補充して申し上げます」

いよいよだ。ずっと思い描いてきた光景が目の前に広がっている。この日のために何度も何度も練習してきた言葉を、ついに口にすることができる。

亀石は立ち上がり、ひと呼吸置く。視線を裁判官に向け、口を開いた。


僕のような人間に、言う資格はないのかもしれないけれど――。

初めて接見した日、被告人は、このように前置きをして話し始めました。

「警察が、僕の車にGPSをつけていました」

「僕は、ずっと監視されていました」

「警察は、こんなことまでできるんでしょうか」

本当にそのような捜査が行われているのか、確証はありませんでした。

もし本当なら、その捜査は、いまの法律では許されないのではないか。

しかし、そう主張することを、すぐには決断できませんでした。

ＧＰＳを取りつけたことを、警察は認めないかもしれません。

裁判に、長い時間がかかると思いました。

被告人の身体拘束が、長くなるかもしれません。

私たちの主張は無視され、被告人の量刑が重くなることだってあるかもしれません。

これまでに、ＧＰＳ捜査の対象となった多くの被疑者や被告人、そしてその弁護人は、そう考えて諦めたのかもしれません。

被告人と、私たち六人の弁護人は、だからこそ、この裁判で主張しなければならないと思いました。

ＧＰＳ捜査の実態はなかなか明らかになりませんでした。

捜査機関が、「秘密の保持」を徹底していたからです。

捜査段階で作られた多くの書類が、破棄されていました。

開示された書類も、肝心な部分が黒塗りされていました。

公判が始まるまで、１年かかりました。

この１年のあいだに、私たちは、警察が実際に取得していた位置情報の履歴を手に入れました。

数分おき、数十秒おきに、位置情報が検索されていました。

検索した回数は、ひと月に７００回を超えることもありました。

私たちは、実際に警察官が、ＧＰＳを取りつけるために侵入した場所へも行きました。

ラブホテルの駐車場の入口は、厚いカーテンで覆われて、中が見えませんでした。

私たちは、ＧＰＳを手に入れ、車に取りつけて、追跡する実験をしました。

車が高速道路を走って京都方面へ向かっている様子、
病院の駐車場に停車していること、
宗教施設の敷地内に入っていったこと、
スマートフォンの画面をクリックするだけで、手に取るように、車の動きがわかりました。

実験にかかった費用は、わずか、数千円でした。

私たちは、被告人に対して行われたＧＰＳ捜査を、かんたんに再現することができました。

そして、得体の知れないおそろしさを感じました。

このＧＰＳ捜査の実態を、長い間、国民の誰もが知らなかったのです。

これは、被疑者や被告人だけの問題ではない。

私たち、国民みんなに関わる問題だと思いました。


亀石は、一度も失敗しなかった。亀石の弁論を聞きながら、西村は裁判官を見ていた。裁判官は表情を崩さない訓練を受けているので、微笑んで見ていたわけではない。しかし、亀石の弁論をしっかりと聞いていることだけは伝わってきた。

眠らない警察官

続いて、小林の弁論に移る。亀石の勢いに乗ろう。そう決めた。小林は、亀石が着席するのと入れ違いに立ち上がった。顔を上げ、ゆっくりと口を開く。


「特別の根拠規定がなければ許容することが相当でない手段」

40年以上前、最高裁判所は、強制処分の意味について、このように述べました。

私たち弁護人は、法科大学院で、刑事訴訟法の教科書で、何度もこの表現に接してきました。

どんなに必要性や緊急性があっても、きちんとルールを定めなければ、許されない捜査。

あいまいなルールに基づく規制には、馴染まない捜査。

最高裁判所は、強制処分の意味をこのように考えているはずです。

ＧＰＳによる行動の監視は、あいまいなルールでは制御できません。

「人の住居は、彼の城である。雨や風は入ることはできるが、国王は入ることはできない」

この格言は、住居だけでなく、財産や、人の生活そのものに対してもあてはまります。


警察官が、知らない間に自動車の底に張りついています。

この警察官は、疲れを知りません。

眠たくなりません。

食事も必要ありません。

トイレに行く必要もありません。

そして、決して自動車から離れることがありません。

指示があれば、いつでも、自動車の位置を報告します。

その報告は正確です。

しかも、自動車の位置をいつまでも記憶することができます。

現実には、このような警察官はいません。

GPS捜査は、このような警察官による監視を意味します。

GPS捜査は、このような警察官による、財産と私生活への、両方に対する侵入です。


所持品検査は、強制処分ではない。

尾行は、強制処分ではない。

確かに、これらを行うために、特別の根拠規定は必要ないとされています。

しかし、GPS捜査は、知らない間に財産に侵入し、人を監視し、その情報を記録し、分析を可能にします。たとえ所持品検査や尾行を受け入れたとしても、このような捜査を受け入れる人はいないはずです。たとえ持ち物に傷がつかなくても、たとえ、実際に情報を取られていなくても、私たちは、このような捜査を受け入れられません。

GPS捜査は、きちんとしたルールがなければ、許されません。

では、GPS捜査は、どのようなルールのもとで許されるのでしょうか。

これを決めるのは捜査機関ではありません。

決断するのは、主権者である国民です。

最高裁判所が強制処分の意味を述べたおよそ40年前、ＧＰＳは、軍事目的での開発が始まったばかりでした。

まだ実験段階で、位置情報を取得できる時間帯も限られていました。

このとき、ＧＰＳが、今日のように小型化・軽量化し、誰もがこれを低価格で手に入れることができる、こうした時代の到来を、予想できたでしょうか。

科学技術の進展は、とどまることを知りません。

それに伴い、私たちの権利意識も変化していきます。

近い将来、私たちが想像もしないような新しい捜査が行われる日が来るかもしれません。

そのとき、私たちは、新しい捜査を受け入れるのか、それとも、拒絶するのか。

裁判所がこれを予測することは困難です。

このような問題は、その時代に置かれた国民の総意に委ねるべきです。

現在、ＧＰＳ捜査は、国民の信頼を得ていません。国民の意見を尊重し、その熟議に期待し、その決断に委ねるべきです。

小林も完璧だった。小林の弁論を、裁判官は食い入るように見つめていた。小林のパートが強制処分の話であり、西村が発想した「車の底に張りつく警察官」の話だったからだ。小林は、弁論が進むにつれて落ち着きが増していった。大法廷で弁論をする心地よささえ感じていた。こんなところに立つ機会は二度とないかもしれないのだから——と。

権力の暴走を防ぐには

最後は舘のパートである。舘は亀石と小林の弁論を聞きながら、再び緊張感が高まりつつあった。それでも、練習を重ねてきた自信のせいか、勇気を奮い起こして立ち上がった。舘は胸を張って弁論を始めた。

ある信仰を持ち、宗教団体の集まりに通う人がいました。

その宗教団体は、政府の行き過ぎた政策に疑問を呈していました。

彼は、政府から弾圧されるのではないかと心配でした。

それでも、その信仰を持ち続け、集会に通い続けることができました。

ある政治家を応援する活動をしている人がいました。

彼はそのことを周りに知られたくありませんでした。

それでも彼は、選挙事務所に行き、街頭演説も手伝いました。

彼らを、権力から守っているものは、プライバシーです。

信念の実現を可能にしているものは、プライバシーです。

心を許した人だけに、信念を打ち明けることを可能にしているものは、プライバシーです。

プライバシーがあってはじめて、私たちは強く生きることができるのです。


私たちのプライバシー意識は、急速な変化を遂げました。

かつては、情報の発信者は限られていました。

かつては、情報はいずれ忘れられました。

かつては、情報の広がりは、地域社会に限られていました。

今は、誰もが情報の発信者になることができます。

今は、情報の保存期間は半永久的です。

今は、情報は、全世界に広がる可能性があります。

「道を歩いているのだから、位置情報を知られても仕方がない」

かつては、腑に落ちる説明だったのかもしれません。

でも、情報化社会に生きる私たちは、納得できません。
誰に記録されているのか。
どのような方法か。
どのような目的か。
いつまで保管されるのか。
目的以外に使われることはないのか。
私たちは、こんにち、情報の扱われ方を恐れています。
位置情報は、人の内面を映し出します。
病院にいれば、病気だと思われます。
お寺や神社にいれば、その信仰を持っていると思われます。
裁判所にいれば、紛争を抱えていると思われます。なんの説明もいりません。
監視ではなく自由を、恐れではなく希望を求めて、私たちは生活しています。
位置情報の扱われ方は、私たちの生き方を左右します。

権力がＧＰＳによって位置情報を把握する対象は、今は被疑者や被告人だけかもしれません。今は、ほとんどの人は、自分はＧＰＳを取りつけられることはないだろうと思っています。
ドイツで、ナチスを支持していた牧師がいました。彼は、最終的にはナチスによって、強制収容所に送られています。そのときのことを、次のように語っています。

最初に彼らが共産主義者を弾圧したとき、私は抗議の声をあげなかった。
なぜなら私は、共産主義者ではなかったから。
彼らが労働組合員たちを攻撃したときも、
私は抗議の声をあげなかった。
なぜなら私は労働組合員ではなかったから。
やがて彼らが、ユダヤ人たちをどこかに連れて行ったとき、
やはり私は抗議の声をあげなかった。
なぜなら私はユダヤ人ではなかったから。
そして、彼らが私の目の前に来たとき、
私のために抗議の声をあげる者は、誰一人として残っていなかった。

今は被疑者や被告人だけかもしれません。しかし、今後は、特定の政治活動をしてい

る人が対象になるかもしれません。宗教団体が対象になるかもしれません。税金を納めない人が対象になる日がくるかもしれません。

権力の暴走は、すでに始まっているのです。


平成27年6月5日、この裁判の第一審が、ＧＰＳ端末を取りつける捜査を強制処分とし、令状なくＧＰＳ捜査をするのは違法だと判断しました。その後も、ＧＰＳ捜査を違法だとした裁判例が出ました。しかし、捜査機関はＧＰＳを取りつけることをやめません。

権力の暴走をゆるし、権力が国民を監視する社会を選ぶのか、それとも、権力の暴走をとめ、個人が強くあるためのプライバシーを大切にする社会を選ぶのか、この裁判が一つの分岐点になるでしょう。

10年後、20年後に、私たちがこの裁判を振り返ったとき、正しかったと思えるような判断をしていただきたいと思っています。私たちの子孫がこの裁判のことを知ったときに、私たちを憎むのではなく、感謝してくれるような判断になることを願っています。


三人のなかでもっとも努力を重ねた舘も完璧だった。声の大きさ、スピードも問題なく、謙虚な感じも出た。舘本人にとって過去最高、快心の弁論となった。

弁護団に続いて検察官の弁論に移る。検察官が、すでに提出済みの弁論要旨を淡々と読み上げる間、多くの裁判官は視線を下に向けて書面を読んでいるか、目を閉じていた。

検察官の弁論が終わり、寺田裁判長が宣言を行う。

「これで弁論を終わります」

「判決言い渡し期日は、おって指定します」

「閉廷します」

三言だけ発言すると寺田裁判長が立ち上がった。同時に、正面の扉が音もなく開く。ほかの裁判官も立ち上がり、入ってきたときと同じ順番で退廷していく。一五人全員が扉の向こうに消え、扉が閉まる。大法廷の張り詰めた空気が、一気に緩んだ。

打ち上げ

弁護団はタクシー2台に分乗し、霞が関の東京地裁内にある記者クラブに移動した。記者会見に対応したのち、大阪に帰るため東京駅に向かう。我妻だけは、所用で一団と別れた。新幹線の時間まで、まだ1時間半ほどあった。

「めっちゃ疲れた〜」

「酒、飲みてえ〜」

誰ともなく魂の叫びのような声が出た。

「お昼食べられなかったからおなかすいた！　東京駅の近くでご飯でも食べようよ」

亀石の提案により、東京駅に隣接する新丸の内ビルに入った。午後4時過ぎは夕食にはまだ早い。準備中の店が多く、開いている店は少なかった。

「どこかにお酒飲める店ないかなあ」

そう言いながらフラフラと歩いていると、上がってきたエレベーターからもっとも遠いところに「大阪っぽい店」があるのを発見した。

「めっちゃよくない？　この店。ここにしようよ！」

「大阪っぽいねえ、入ろう」

全員一致でその店に入った。亀石は酎ハイ、ほかはビールを頼んだ。


「かんぱーい」

「お疲れさまー」

「いやー、落ち着くなー」

「っていうか、せっかく東京に来たんだから、東京っぽいもの食べればいいのに」

「そうそう、大阪帰ってから食べればいいのに」

「あー、早く大阪に帰りたいなー」

ひとしきりしゃべったあと、話題はその日の弁論になった。

「いやー、今まででいちばんいい弁論だったねー」

「やり切ったなあ」

「練習を含めて、いちばんよかったよー」

「けっこう、裁判官と目が合ったよね」

五人は、モツをつつき、ビールと酎ハイを飲みながら、感想を口にした。

「この土手鍋、うまっ」

「モツ煮もめっちゃ美味しいよ」

「それにしても、あんな弁論で大丈夫だったんかな」

「法律論じゃなくてポエムみたいだもんなあ」

余裕のできた弁論組も、こんどは心から笑った。

その後、話題は判決予想に変わった。

「強制処分出るやろ」

「どこまで踏み込むかなあ」

大法廷の話題をしばらく続けた後は、いつもの修習生時代の話題に移っていった。

え？　5分？

2日後の2017年2月24日、亀石の事務所に最高裁書記官から電話が入った。

「判決宣告期日が指定されました」

書記官から告げられたのは3月15日水曜日の午後3時である。園尾弁護士の予想通り、津田書記官とのやり取りで確信していた3月の水曜日が指定された。

（弁論の2日後に連絡してくるなら、弁論の日に言ってくれればよかったのに……）

亀石は電話の応対をしながら、そんなことを考えていた。さっそく、弁護団に知らせるためにメーリングリストに流した。

《わ！　大阪で期日が入っていましたが、変更してもらうか、ほかの弁護人に行ってもらうようにします》（我妻）

《はやっ！》（舘）

《確かに、はやっ。なんかこわいなー》（西村）

《判決期日、報道されてますね。裁判官は意見に変更なしってことでしょうね》（小林）

弁論から2日後に、3週間先の期日を指定してきた――それは、すでに出ていた結論に弁論が影響を与えなかったことを意味する。このスピード感は、弁護団に少なからず動揺をもたらした。だが、3日後に入った連絡は、さらに大きく弁護団を揺さぶった。

2月27日、津田書記官が当日の予定が決まったと連絡をしてきた。

「入庁シーンの撮影がありますので、午後2時15分に正門に集合してください」

これは弁論のときと同じだ。

「で、開廷は3時なので、2時45分には着席してください。なお、みなさんは弁論と同じ場所に着席してください」

亀石は、判決後の記者会見の時刻を設定するため、確認の意味で尋ねた。

「言い渡しは、何時に終わりますか」

津田書記官は、いつもの平板な言い方でサラッと言った。

「言い渡しは、午後3時5分には終了します」

「え?」

亀石は、津田が放った言葉の意味が飲み込めなかった。

「え?　5分ですか?」

間違いではないですか、というニュアンスを込めた。

「はい。5分です」

津田はトーンを変えることなく、さも当たり前のように言った。亀石は、5分という時間に頭の中をかき乱された。読み上げられるのが「主文」だけであれば、裁判長の言葉は「主文。本件上告を棄却する」で終わる。5秒とかからない。5分あるということは、主文だけでは終わらないはずだ。しかし、これだけの事件の判決理由をすべて読み上げるのに5分で終わるはずがない。いったいどういう意味なのか。

亀石は、この不安を一刻も早く弁護団に伝えようとメーリングリストを開いた。

《判決の言い渡しが5分で終わるって……》

弁護団は、一様に驚きと不安の声を寄せた。

《言い渡し時間、短っ！　読まれるのって主文だけなの？　なんかこわいなー》（舘）

《刑事事件の判決なので、刑事訴訟規則35条2項に「理由の要旨を告げなければならない」と書いてあります。ということは、主文の朗読及び理由の要旨の告知を含めて5分ということですね。こわいね》（小林）

《5分……嫌な予感》（西村）

《5分って、A4で一枚半ぐらいですよね……》（小野）

《いやいやいや。違法の重大性とかいろいろ論じていったら、5分じゃ済まないよ。こ

れはヤバいんじゃないだろうか》（舘）
弁護団全員が、重要なことを言うためには5分では無理だと思い込んでいた。

四つの可能性

動揺が収まらない2日後の3月1日、弁護団会議で判決の予測を立てた。

弁護団の認識は、「ＧＰＳ捜査は強制処分で新たな立法に基づいて遂行されるべきなのに、現行法では立法化されていないから、本来は絶対にできるはずがない捜査を実行した」となる。つまり弁護団は、強制処分→立法が必要→違法性が大きい→証拠排除されるべき→無罪というロジックを組み立てている。これは、一審のときから変わっていない。

だが、上告棄却は、おそらく間違いない。その際、考えられる判断のパターンは四つ。

①任意処分で適法
②任意処分で違法
③強制処分で違法。検証許可状で可能
④強制処分で違法。立法が必要

①の「任意で適法」は、完全に弁護団の負けだ。
では、②の「任意で違法」はどうだろうか。弁護団の総意は、違法であればいいという結果論ではない。強制処分と判断されることが重要なので、これも弁護団の負けとなる。

一方、④の「強制で違法。立法が必要」とするのが弁護団にとって理想的な判断と言える。しかしこの判断を獲得するにはなかなかハードルが高い。

現実的に可能性が高いのは、③の「強制で違法。検証許可状で可能」だ。繰り返しになるが、検証は場所・物・人を対象としてその形状や状態を「五官の作用」を用いて認識する処分だ。具体的には、現場検証、死体検分、身体検査などがそれに当たる。弁護団は、この判断がくだされる可能性がもっとも高いとにらんでいた。

弁護団のメンバーは、仮に④の判断が下されなくても、がっかりした顔をしないでほしいと亀石に念を押した。失意の表情で記者会見に臨めば、まるで弁護団が負けたかのようなイメージを与えてしまう。弁護団にとって大事なのは、最高裁で「GPS捜査は強制処分」という判断を獲得することだ。「強制で違法。検証許可状で可能」と言われても「勝った感を出せ」と強く言われていた。

この裁判は、黒田の無罪を争ってはいるが、実質的にはGPS捜査の法的性質——任意処分なのか強制処分か――が最大の争点となっていた。最高裁がGPS捜査を強制処分と判断した時点で、弁護団の勝ちとなる。強制処分となれば、少なくとも検証許可状は取得しなければGPS捜査はできない。犯罪捜査のあり方に対する一定の歯止めになる。

メディア対応のため、事前に黒田のコメントを取ったが、彼もこう言っていた。

「自分が悪いことをしたのだから、量刑が変わらないことについては何の不満もない。被害者の方もいるので、当たり前だと思っている。ただ、もし警察の捜査に行き過ぎがあったのなら、そのことをはっきりさせてほしいと思って裁判をしてきたので、最高裁が違法だと判断してくれてよかったと思っています」

はたして最高裁は、弁護団、黒田の予想通りに判断するのだろうか。

判決

2017年3月15日。午後1時、弁護団は弁論のときと同じように全国町村会館のレストランで待ち合わせた。

亀石は胃が痛かった。弁論のときとは異質の痛みだった。あのときは、失敗したらどうしようという緊張感が原因だった。判決は、自分の力など及ばない。すでに決まっている判断を言い渡されるだけなので、どうにもならない。たとえるならば、弁論が入学試験当日の緊張感と同じだったとすれば、判決は合格発表の日の緊張感に似ていた。

ほかの弁護団メンバーも、いつものような元気はなかった。ふざけた軽口も出てこない。言葉数は少なく、口をつくのは「どうなるんだろう?」という不安ばかりだった。

緊張しているわけではなかった。ただ、判決を聞くのが怖かった。たった5分で何を言うのだろう。弁護団は、その怖さを拭《ぬぐ》い去ることはできなかった。

正面の観音開きの扉が音もなく開く。

起立して扉を注視する。

寺田裁判長以下、一五人の裁判官が右、左交互に着席していく。

すべての裁判官が着席し、法廷にいる人も着席する。

弁論のときとまったく同じ動きが目の前に流れていく。

「判決を言い渡します」

寺田裁判長が口を開いた。

「主文。本件上告を棄却する」

上告の棄却は、原判決の結論が維持されたことを意味する。ここまでは想定通りだ。

弁護団は、寺田裁判長の次の言葉を待った。

「なお、裁判所の見解は次の通りです」

判決理由が言い渡される。弁護団には、言い渡し後すぐに判決骨子が書かれた書面が配付される予定になっていた。それは、津田書記官との電話で確認済みだ。しかし、弁護人の習性として、メモを取りながら寺田裁判長の言葉を聞いた。

「憲法35条の保障対象には、『住居、書類及び所持品』に準ずる私的領域に『侵入』されることのない権利が含まれるものと解するのが相当であるところ、――」

（え？）

冒頭の言葉に、亀石は耳を疑った。

いきなり憲法に言及するとは想像すらしていなかった。

しかも、第35条は「住居侵入・捜索・押収に対する保障」として「①何人も、その住居、書類及び所持品について、侵入、捜索及び押収を受けることのない権利は、第33条の場合を除いては、正当な理由に基いて発せられ、且つ捜索する場所及び押収する物を明示する令状がなければ、侵されない。②捜索又は押収は、権限を有する司法官憲が発する各別の令状により、これを行ふ」という条文だ。第35条に規定されている「住居、書類及び所持品」に限定せず、それらに準ずる私的領域に侵入されることのない権利が含まれるという新たな判断が示された。

最初から、すごいことになった。弁護団の想定をはるかに超えた最高裁の見解が、冒頭から示された。続く言葉を、期待せずにはいられなかった。

「GPS捜査は、個人の行動を継続的、網羅的に把握することを必然的に伴うから、個人のプライバシーを侵害し得るものであり、また、そのような侵害を可能とする機器を個人の所持品に秘かに装着することによって行う点において、公権力による私的領域への侵入を伴うものというべきである。したがって、GPS捜査は、憲法の保障する重要な法的利益を侵害するものとして、令状がなければ行うことのできない強制の処分と解すべきである。――」

（ええ？）

GPS捜査が、個人のプライバシー侵害であることをはっきりと認めた。しかもGPS捜査が尾行や張り込みとは違う点も、弁護団が弁論で述べた内容と一致している。さらに、弁護団がこの裁判で争い、絶対に勝ち取りたかった「強制処分」という判断も明確にされている。期待以上だ。

（すごい……）

亀石は、ここまでの寺田裁判長の短い読み上げを聞いて、すでに満足していた。聞きたかったことを、すべて言ってくれた。ここで終わっても、十分すぎるほど十分だと思った。

それだけでは終わらなかった。あとに続いた言葉も、驚きの連続だった。

「また、ＧＰＳ捜査を刑訴法上の強制の処分として許容するとすれば、裁判官が発する令状に様々な条件を付す必要が生じるが、事案ごとに、令状請求の審査を担当する裁判官の判断により、多様な選択肢の中から的確な条件の選択が行われない限り是認できないような強制の処分を認めることは、刑訴法１９７条１項但書《ただしがき》の趣旨に沿うものとはいえない。――」

刑訴法第１９７条１項は「強制処分法定主義」を定めた条文だ。ただし書きには「強制の処分は、この法律に特別の定のある場合でなければ、これをすることができない」とある。つまり、寺田裁判長が読み上げたフレーズの意味はこうなる。

強制処分は法律に定めないといけないが、ＧＰＳ捜査をやろうとすると、個別事案ごとの令状に、担当裁判官の判断いかんでさまざまな条件をつけなければならない。それが的確かどうかわからないような令状は、強制処分法定主義の趣旨にそぐわない――。

最高裁は、ＧＰＳ捜査を行うための令状として、検証許可状は適切ではないと言い切った。

「ＧＰＳ捜査が今後も広く用いられ得る有力な捜査手法であるとすれば、その特質に着目して憲法、刑訴法の諸原則に適合する立法的な措置が講じられることが望ましい」

亀石は、メモを取るペンが震えていた。

寺田裁判長は、たしかに「立法的な措置が講じられることが望ましい」と言った。これは、今後GPS捜査を行うためには、新たな法律を作ってからでないと、実行することはできないと宣言したも同然である。

「以上で、判決の言い渡しを終えます」

廷内が起立し、礼をする。寺田裁判長から順に、一五人の裁判官が退廷していく。六人は、その姿を呆然と見つめていた。

「最高裁、すごいな……」

「信じられないね……」

裁判官が出て行った扉を呆然と見つめ、身動きもできないままそうつぶやいた。絞り出すような、うめきにも似た声だった。

勝利

時計を見る。時刻は、午後3時5分を指していた。

「本当に、5分でこっちの言ってほしいことを全部言っちゃったよ……」

極めて短い文章の中に、弁護団の主張に対するすべての答え、弁護団が欲しかった答えのすべてが詰まっていた。一つも無駄な文章がなく、すべての言葉に意味があった。これほど過不足のない凝縮された判決を、聞いたことがなかった。わずか5分で濃密な判決を言い渡す最高裁とは、日本の最高峰の裁判所の名にふさわしい場所だった。

津田書記官から「弁論は15分に」「判決の言い渡しは5分で終わる」など、最高裁はそれまでの経験では考えられないほどの短い時間を指定してきた。一時はそこに不審感や不安を覚えたものの、この凝縮された判決を聞き、伝えるべき内容を伝えるのは時間ではないことを知った。

「私たちの主張が認められ、適切な判断がなされたと思います。今後も新しい捜査手法が次々と行われることになると思いますが、捜査の必要性と、人権に対する配慮のバランスが問われることになります。今日の判決は、そうした際に必ず参照されるリーディングケースとなるでしょう」

亀石の、判決後の記者会見での言葉だ。

2014年6月5日の「肉問屋」をきっかけに結成された弁護団は、亀石が一人で受任した日から数えて3年3ヵ月にわたる弁護活動の末、考えられる最高の判断を引き出した。
それぞれの個性と能力が有機的に結びつき、新たな道を切り開いたのだった。

終章

日常

最高裁判決の日――記者会見を終えた一団は東京駅に向かった。

「また、あそこ行きませんか？」

「行こう、行こう」

弁論の帰りにもよった「大阪っぽい店」はカウンター席が空いていた。モツ焼きをつまみながら、ビールと酎ハイで喉をうるおした。

「やばいよね」

「最高だよね」

しみじみと、判決を嚙みしめるように振り返った。

「でもさ、あの判決を予想した人って、絶対にいないと思わない？」

「いないね」

「そもそも、ここまでの判決って想像してた？」

「してないね」

目の前で焼かれたモツが、次々と出てくる。

「これさあ、マジでおいしいよねー」

「前回も食べたっけ？」

店員が、弁護団に声をかける。

「この間も来てくれましたよねー。同じメンバーで」

「あ、覚えててくれたんですか？」

「はい。弁護士さんですよね？」


そうこうしているうちに、新幹線の時間が迫ってきた。

「そろそろ行こうか」

会計時に店員が、弁護団に声をかける。

「また来てくださいね。みなさんで」

店員の言葉に、それぞれが最高裁の大法廷にふたたび来ることに思いを馳せた。大法廷で弁論を行う、判決を受けることは、弁護士にとって極めて稀なケースだ。こんなことが何度も経験できるとは、誰も思っていない。

「まあ、もう来ることはないよね」

誰かがふと漏らした言葉が、全員の本心だった。だが、願望を込めて西村が言った。

「また来ましょうよ。大法廷」

小林が続く。

「僕たちは二回来ようよ。このメンバーで」

いつも強気の二人が口にした言葉に、メンバーは頷いた。無理なこととは思いながらも、このメンバーだったら可能かもしれない。

六人で力を合わせ、一つの仕事を終えた。結局、黒田から支払われた弁護費用は、すべて裁判費用に消えた。

それぞれが、それぞれの仕事に戻った。友人として食事をしたり、健康維持のために大阪城の周囲を走ったり、勉強会をしたり、彼らの関係もGPS裁判以前に戻った。

それから

2016年1月、GPS裁判のさなか、亀石は大阪パブリックを辞めた。

公設事務所である大阪パブリックには3年の任期がある。3年ごとに契約を更新し、長期にわたって所属することもできるが、ここで経験を積んだ弁護士の多くは、後進に道を譲る。

亀石は、6年間にわたってプライベートも土日も昼夜もなく刑事弁護人として働き続けた。40歳を超え、これからの弁護士人生を立ち止まって考えた。

今は弁護士が増えすぎて食べられない時代だ。そんな時代でも、大阪パブリックにいれば収入は安定する。それでも、イソ弁はあくまでも居候だ。いつまでも居座るわけにはいかない。不安はあったが、挑戦しようと思った。

退所と同時に「法律事務所エクラうめだ」を立ち上げた。

「権力者を正そう」などと大それたことは思っていないが、権力者が「間違ったこと」をしているのを見ると「ふざけるな」と反射的に怒りを覚えてしまう。だが、刑事弁護だけでは法律事務所を安定して経営するのは難しい。これから先も刑事弁護に取り組み続けるためにも、収入の安定する民事事件や家事事件にも取り組む。亀石は、安定的に事務所経営を行いつつ、その一方で社会的意義のある事件にも力を注ぐという方針を固めた。

ＧＰＳ裁判の途中でも、これは闘わなければならないと思った刑事事件には積極的に取り組んだ。たとえば「タトゥー裁判」である。

この事件は、「医師免許を持たずに顧客にタトゥーを入れた」として、彫師が医師法違反の罪に問われた裁判である。ＧＰＳ裁判が控訴審に入る直前の２０１６年１月ごろから公判前整理手続に入ったため、別の弁護団を組んで取り組んできた。

１年以上も公判前整理手続が続いたこの裁判の争点は、医師法第17条「医師でなければ、医業をなしてはならない」という条文の解釈、つまり、「医師免許がなければできない」医業の中に、タトゥーを彫る行為が含まれるかどうかであった。弁護団は「タトゥーの施術を医師に限るのは、憲法で保障されている職業選択の自由や表現の自由の侵害である」とも訴えた。

たしかにタトゥーの施術では、針を皮膚に刺したり、インクを注入したりすることによる皮膚疾患やアレルギー反応、また血液を介した感染症を起こす可能性がある。しかし、弁護団が調査したところ、アメリカのニューヨーク州ではタトゥー施術業は「許可制」、カリフォルニア州では「登録制」となっており、フランスでは合計21時間の研修の受講が義務づけられる「届出制」が採用されている。イギリスやドイツも同様である。つまり多くの国では、タトゥー施術の安全性を確保するには、そこに特化した衛生管理や必要とされる程度の医学知識を学べば足りると考えられているのだ。彫師に医師免許を要求するということは、彼らに「廃業」を迫っているも同然である。検察側の法解釈は、彫師の職業選択の自由を奪うものだと弁護団は主張した。

2017年4月に第1回公判、8月に最終弁論、9月に判決が出た。有罪だった。

祝勝会の予定で設定されていた懇親会の席で亀石は号泣した。彫師たちの安心する顔が見たかったのに、彼らの不安そうな顔を見て、悔しくて涙が止まらなかった。

タトゥー弁護団はすぐに控訴を決意する。

だが、裁判を続ける資金がない。控訴審に向け、日本で初めてクラウドファンディングのシステムを利用して裁判費用を募った。これが話題となり、目標金額の300万円を超える支援が集まった。日本の社会でネガティブに受け止められがちなタトゥーだが、彫師は、この国で数百年にわたって存在し続けてきた正当な職業としての活動である。不都合な法解釈によって、突然職業を奪われてしまうのはおかしいと、多くの人が共感してくれたのだと亀石は考えている。

2018年11月14日、大阪高裁は、一審の有罪判決を破棄、被告人に逆転無罪を言い渡した。

刑事弁護人の使命

刑事弁護人は、無実の被疑者・被告人に出会ったとき、彼らを無罪にするため、与えられた法的権利を最大限に活用して刑事裁判を闘う。では、なぜ罪を認めている被疑者・被告人をも熱心に弁護するのだろうか。その答えは一つではない。

そもそも、彼らが「罪を認めている」からと言って、本当に罪を犯したとは限らない。誰かをかばっているかもしれないし、誰かに脅されているかもしれない。なんらかの事情で、本当のことを言っていない場合もある。なにが真相なのか。刑事弁護人は客観的な事実から、真実を見つけ出そうとする。

たとえ、彼らが本当に罪を犯していたとしても、検察官が主張する事実について、まったく争いのない事件はない。たとえば、人が包丁で刺されて傷害を負ったとする。それは、故意に刺したのか、たまたま刺さってしまったのか。故意に刺したとすれば、殺意があったのかなかったのか。刺された場所や傷の形状（順手で刺したのか、逆手で刺したのか、1回だけ刺したのか、2回刺したのか）や、当事者の人間関係や直前のやりとりなどから、故意か過失か、あるいは殺意があったかどうかといった点を推認することができる場合がある。こうした点は量刑に大きな影響を与えるため、傷の状態について医師に鑑定してもらうこともある。このとき、検察側から依頼を受けた医師と、弁護側から依頼を受けた医師の見立てがまったく異なる場合もある。どちらに信用性があるかを判断するのが刑事裁判官の役割だ。

報道で事件の概要だけを聞くと、非常に凶悪で許せないと感じるような事件でも、刑事裁判では思いのほか量刑が軽かったり、執行猶予がついたりする場合がある。犯行の動機や、事件に至るいきさつ、犯行の態様、被害者と被告人の人間関係など、実際の事件の背景には、報道では知ることのできない膨大な事実が隠されている。刑事弁護人は、事件の背景にある「物語」を知ろうとする。それは、被疑者・被告人に対する適正な量刑を求めるために欠かすことのできない重要な仕事なのだ。

令状のないＧＰＳ捜査の適法性が争われた今回の事件は、刑事事件としてはかなり特殊な部類のものだった。犯行動機や犯行態様などの事実関係について、検察側と弁護側で、ほとんど争いはない。警察が行っていた「捜査のあり方」が、主な争点だからだった。捜査のあり方は、常に被疑者・被告人の人権とのバランスを求められる。逮捕や勾留は、彼らの身体を拘束して行動の自由を奪うことになるし、彼らの自宅や会社を捜索して財物を押収することは、住居権や財産権に対する侵害になりうる。彼らの使用する車両に無断でＧＰＳ端末を取りつける行為は、むやみに国家に侵入されることのない「私的領域」を脅かすものであったし、常に行動が監視下におかれるという意味で、プライバシーを脅かすものでもあった。

このように、刑事裁判で憲法上の権利や自由が主張されることは、それほど多くない。その意味で、ＧＰＳ捜査事件は特殊なものだった。

亀石が、２０１２〜２０１６年にかけて弁護団の一員として闘ったクラブ風営法違反事件においても、憲法上の権利や自由が問題となった。２０１２年当時の風俗営業法は、「設備を設けて客にダンスをさせ、かつ、客に飲食をさせる営業」を風俗営業と位置づけ、国家公安委員会による許可を義務づけていた。多くのクラブは、ダンスフロア面積等の許可条件を満たしていないため、許可を取らずに営業している店舗が大半だった。だが、そもそもクラブが「風俗営業」に該当するという認識のない事業者もいた。2011年ころから京都や大阪ミナミのクラブが次々と摘発され、閉店に追い込まれる店が続出した。亀石ら弁護団は、1948年に制定された風営法の条文を形式的に適用し、クラブは「風俗営業」だと主張する警察・検察の法解釈を疑問視したのである。このような法解釈をすれば、クラブ経営者の職業選択の自由や、クラブイベントを企画する者の表現の自由を侵害することになると主張した。一審の大阪地裁は弁護団の主張を認め、クラブ事業者に無罪を言い渡した。検察側が控訴するも棄却され、2016年に最高裁で無罪が確定している。

亀石は学生時代、クラブへ出かけていくようなタイプではなかった。酒も弱いし、夜遊びするような友達もいない。大音量で音楽が流れるクラブよりも、孤独に読書をするほうが性に合っていた。クラブへ遊びに行くような「おしゃれな人たち」とは一生縁がないだろうと思っていた。タトゥーだってそうだ。嫌悪するほどではなかったが、なんとなく怖いものだと思っていた。

たとえクラブがどんどんつぶれていったとしても、彫師が仕事をできなくなったとしても、自分には関係ない——しかし亀石は、刑事弁護人として警察や検察という国家権力と対峙する立場になり、クラブや彫師の摘発を他人事とは思えなくなっていた。彼ら国家権力は、いつだって簡単に人々の権利や自由を奪うことができる。大音量で近隣住民から苦情が出ているようなクラブなら、摘発しやすいかもしれない。日本の社会ではタトゥーを嫌う人も多いし、彫師は国内に数千人しかいないといわれている。摘発したって大きな反発はないだろう……そういう「摘発しやすい」ところから、少しずつ自由が奪われていく。

亀石は、誰かの権利や自由が脅かされているのを、他のみんなが見過ごす社会になってしまったら、いつか違うかたちで自分自身に返ってくると感じていた。自分が安心して暮らせる社会であるために、他者への権利侵害を他人事にしてはいけない。亀石が刑事弁護人としてもっとも大切にしている想いだ。

刑事弁護という仕事は、世間から理解されにくい。「なぜ、悪いやつの弁護をするのか？」「被害者が可哀そうだと思わないのか」「刑を軽くすることばかり考えている」。そんなふうに言われることもある。それでも、亀石は刑事弁護人という仕事を誇りに思っている。被疑者・被告人の権利を国家権力から守るのは、結局は、この社会で生きる自分たちの自由を守るためなのだ。偏見や先入観は真実を見えなくする。
知られざる膨大な事実を集め、事件の背景にある「物語」をこれからも探し続ける。

講談社現代新書　2525

刑《けい》事《じ》弁《べん》護《ご》人《にん》

二〇一九年六月二〇日第一刷発行

著者　亀《かめ》石《いし》倫《みち》子《こ》　新《にっ》田《た》匡《まさ》央《お》

発行者　渡瀬昌彦

発行所　株式会社講談社
東京都文京区音羽二丁目一二―二一　郵便番号一一二―八〇〇一

電話　〇三―五三九五―三五二一　編集（現代新書）
〇三―五三九五―四四一五　販売
〇三―五三九五―三六一五　業務

装幀者　中島英樹

印刷所　豊国印刷株式会社

製本所　株式会社国宝社

本文データ制作　講談社デジタル製作

定価はカバーに表示してあります　Printed in Japan

N.D.C.916　350p　18cm
ISBN978-4-06-512363-8

「講談社現代新書」の刊行にあたって

教養は万人が身をもって養い創造すべきものであって、一部の専門家の占有物として、ただ一方的に人々の手もとに配布され伝達されうるものではありません。

しかし、不幸にしてわが国の現状では、教養の重要な養いとなるべき書物は、ほとんど講壇からの天下りや単なる解説に終始し、知識技術を真剣に希求する青少年・学生・一般民衆の根本的な疑問や興味は、けっして十分に答えられ、解きほぐされ、手引きされることがありません。万人の内奥から発した真正の教養への芽ばえが、こうして放置され、むなしく滅びさる運命にゆだねられているのです。

このことは、中・高校だけで教育をおわる人々の成長をはばんでいるだけでなく、大学に進んだり、インテリと目されたりする人々の精神力の健康さえもむしばみ、わが国の文化の実質をまことに脆弱なものにしています。単なる博識以上の根強い思索力・判断力、および確かな技術にささえられた教養を必要とする日本の将来にとって、これは真剣に憂慮されなければならない事態であるといわなければなりません。

わたしたちの「講談社現代新書」は、この事態の克服を意図して計画されたものです。これによってわたしたちは、講壇からの天下りでもなく、単なる解説書でもない、もっぱら万人の魂に生ずる初発的かつ根本的な問題をとらえ、掘り起こし、手引きし、しかも最新の知識への展望を万人に確立させる書物を、新しく世の中に送り出したいと念願しています。

わたしたちは、創業以来民衆を対象とする啓蒙の仕事に専心してきた講談社にとって、これこそもっともふさわしい課題であり、伝統ある出版社としての義務でもあると考えているのです。

一九六四年四月　野間省一